Marjorie Solakian

Französisch üben
Hören & Sprechen A2

Buch mit Audios online

Hueber Verlag

Der kostenlose MP3-Download zum Buch ist unter
www.hueber.de/audioservice erhältlich.

3. 2. 1. | Die letzten Ziffern
2024 23 22 21 20 | bezeichnen Zahl und Jahr des Druckes.
Alle Drucke dieser Auflage können, da unverändert, nebeneinander benutzt werden.
1. Auflage

Umschlaggestaltung: Sieveking · Agentur für Kommunikation, München
Layout und Satz: Sieveking · Agentur für Kommunikation, München
Verlagsredaktion: Helga Aichele, Katrin Dorhmi, Hueber Verlag, München
Druck und Bindung: Friedrich Pustet GmbH & Co. KG, Regensburg
Printed in Germany
ISBN 978-3-19-157909-8

Art. 530_26948_001_01

Inhaltsverzeichnis

	Track	Seite
Vorwort		6
A J'apprends une langue		
A1 J'aime faire des jeux Über Aktivitäten zum Sprachenlernen sprechen	▶ 01–02	7
A2 Elle est sympa la prof, non ? Seine Meinung zu verschiedenen Arten des Sprachenlernens ausdrücken	▶ 03–06	12
A3 J'apprends l'italien pour parler avec mon fiancé Seine Motive für das Fremdsprachenlernen angeben	▶ 07–08	16
B Tu viens chez moi ?		
B1 Je m'installe Eine Wohnung und deren Einrichtung beschreiben	▶ 09–11	20
B2 J'arrive ! Über Verkehrsmittel sprechen und eine Zugfahrt buchen	▶ 12–14	24
B3 Dans ma ville Über ein Wohnviertel sprechen	▶ 15–16	28
C Quels souvenirs !		
C1 Est-ce que c'était mieux avant ? Vergangenheit und Gegenwart miteinander vergleichen	▶ 17–18	31
C2 Quand j'étais petit Von früher erzählen	▶ 19–22	34
C3 Raconte-moi ça ! Erzählen, was man gemacht hat	▶ 23–26	38
C4 C'est qui Vincent Laffitte ? Über einen Lebensweg und Werdegang sprechen	▶ 27–30	42

D Ce soir, c'est moi qui cuisine !

D1 Tu me donnes la recette ? ▶ 31–33 46
Ein Rezept beschreiben

D2 C'est délicieux ! ▶ 34–36 51
Über Vorlieben und Abneigungen beim Essen sprechen

D3 Tu en manges souvent ? ▶ 37–39 54
Über Essgewohnheiten sprechen

E C'est la fête !

E1 Tu me passes les guirlandes ? ▶ 40–42 58
Über Feste und Feiertage sprechen

E2 Je compte sur vous ▶ 43–44 61
Mündliche Einladungen aussprechen

E3 À samedi ▶ 45–47 63
Eine Einladung annehmen oder ablehnen und seine Meinung zu einer Feier ausdrücken

F Je soigne ma santé

F1 J'ai mal partout ▶ 48–50 67
Körperteile benennen und über körperliche Beschwerden sprechen

F2 C'est grave, Docteur ? ▶ 51–53 71
Über den Beruf eines Arztes sprechen und ein Arzt-Patient-Gespräch führen

F3 Je m'occupe de moi ▶ 54–58 74
Ratschläge zu Möglichkeiten der Entspannung geben und sich bei Problemen beschweren

G Mes amis, mes amours, mes voisins

G1 Amis pour toujours .... ▶ 59–60 78
Sich über das Thema Freundschaft austauschen und von guten Freunden erzählen

G2 Grand, châtain, aux yeux verts .... ▶ 61–64 82
Für eine Partnersuche Aussehen und Charakter beschreiben und von den ersten Treffen berichten

G3 Connaissez-vous vos voisins ? .... ▶ 65–67 86
Sich über die Beziehungen zu den Nachbarn unterhalten

H Mon travail et mes loisirs

H1 Je cherche un emploi .... ▶ 68–70 90
In einem Vorstellungsgespräch von seiner Ausbildung und von Berufserfahrungen berichten

H2 Une journée au boulot .... ▶ 71–74 94
Von seiner Arbeit erzählen und Wünsche äußern

H3 C'est pour combien de personnes ? .... ▶ 75–76 98
Informationen zu Freizeitangeboten einholen

H4 Et si on allait... ? .... ▶ 77–78 101
Vorschläge für Unternehmungen machen und sie annehmen oder ablehnen

Vorwort

Liebe Lernerinnen, liebe Lerner,

Französisch üben Hören & Sprechen A2 ist ein Übungsbuch für Anfänger mit Vorkenntnissen auf Niveau A2 zum selbstständigen Üben und Wiederholen. Es eignet sich auch für den unterrichtsbegleitenden Einsatz, zur Überbrückung von Kurspausen oder zur Vorbereitung auf Prüfungen der Niveaustufe A2 des *Gemeinsamen Europäischen Referenzrahmens*.

Französisch üben Hören & Sprechen A2 orientiert sich an den gängigen A2-Lehrwerken für den Kursunterricht und trainiert die Fertigkeiten Hören und Sprechen auf diesem Niveau. Die abwechslungsreichen Hörverständnis- und Sprechübungen behandeln alle für die Bewältigung der Alltagskommunikation wichtigen Themen und den entsprechenden Wortschatz. Das Übungsbuch folgt den Regeln der neuen französischen Rechtschreibung.

Französisch üben Hören & Sprechen A2 bietet die Lösungen zu sämtlichen Übungen direkt auf der Folgeseite bzw. auf den Folgeseiten. Dort sind zur Erfolgs- und Verständnissicherung auch die Hörtexte zu den Übungen abgedruckt.

Französisch üben Hören & Sprechen A2 besteht aus dem vorliegenden Übungsbuch und Sprachaufnahmen im MP3-Format, die Sie unter **www.hueber.de/audioservice** herunterladen können. Die vertonten Texte sind im Buch jeweils mit dem Symbol ▶ 15 gekennzeichnet. Die Zahl gibt den jeweiligen Track an.

Bitte hören Sie die Texte und Dialoge mehrmals und benutzen Sie zum Nachsprechen bei Bedarf auch die Pause-Funktion Ihres Abspielgeräts. So können Sie die Länge der Pausen nach Ihren Bedürfnissen individuell steuern.

Und nun wünschen wir Ihnen viel Spaß und viel Erfolg!

Autorin und Verlag

A J'apprends une langue

A1 J'aime faire des jeux

1a Ordnen Sie die folgenden Lernaktivitäten den Symbolen zu.

écrire des mails • parler • écouter de la musique • regarder un film • lire des textes • faire des jeux

A

____

B

____

C

____

D

____

E

____

F

____

▶ 01 **1b Es ist der erste Tag im neuen Semester des Französischkurses. Hören Sie den Dialog und kreuzen Sie an, welche der folgenden Aussagen darin vorkommen.**

☐ Moi, j'écris des mails en français.
☐ J'écoute de la musique francophone sur Internet.
☐ Je regarde des films en français.
☐ J'aime bien faire des jeux.
☐ J'aime lire des textes à voix haute.
☐ J'entends des amis français parler.
☐ J'ai commencé le français à l'école.

▶ 01 **1c Hören Sie den Dialog noch einmal und beantworten Sie die Fragen.**

1. Combien de personnes parlent dans le dialogue ?

   ____

2. Qui écoute de la musique francophone ?

   ____

3. Qui a commencé à faire du français à l'école ?

   ____

4. Remettez dans l'ordre les thèmes de la conversation :

   ☐ j'apprends le français depuis...
   ☐ le français chez vous
   ☐ le français en classe

1d Wenn Sie gut zugehört haben, beherrschen Sie jetzt sicher die folgenden Ausdrücke. Kreuzen Sie die richtige Lösung an.

1. Je suis heureuse ☐ de vous rencontrer.
   ☐ à vous rencontrer.
2. J'ai besoin ☐ des quelques informations.
   ☐ de quelques informations.
3. J'écoute ☐ la musique francophone sur Internet.
   ☐ de la musique francophone sur Internet.
4. J'aime
   ☐ regarder des vidéos.
   ☐ de regarder des vidéos.
5. Quand est-ce que vous avez commencé
   ☐ d'apprendre le français ?
   ☐ à apprendre le français ?

▶ 02 **1e Sie sind dran! Antworten Sie der Lehrerin mithilfe der deutschen Angaben und übernehmen Sie die Rolle ▲ im Dialog.**

■ Et vous, où est-ce que vous avez appris le français ?

Ich habe Französisch in der Schule gelernt.

▲ *J'ai appris le français à l'école.*

■ Est-ce que vous parlez français dans votre quotidien ?

Manchmal esse ich mit einer belgischen Kollegin zu Mittag.

▲ ______________________________

____

____

■ Ah ! C'est bien. Et quelles activités aimez-vous faire en classe ?

Ich spreche gerne und mache gern Spiele.

▲ ______________________________

____

■ D'accord. Et à la maison, vous faites quoi ?

Ich lese Texte auf Französisch und höre oft französischsprachige Musik.

▲ ______________________________

____

____

A1 J'aime faire des jeux

1a Lösung

A *lire des textes* B *parler* C *écrire des mails*
D *écouter de la musique* E *faire des jeux* F *regarder un film*

▶ 01 **1b Text**

Professeure : Bonjour à tous. Je suis Zoé, votre professeure de français pour ce semestre. Je suis heureuse de vous rencontrer. J'ai besoin de quelques informations avant de commencer. Est-ce que vous parlez ou écoutez du français chez vous ?

Kirsten : Bonjour, je suis Kirsten. Euh... Moi, j'écoute de la musique francophone sur Internet.

Manuel : Salut, moi, c'est Manuel. J'entends des amis français parler parfois, mais c'est tout.

Professeure : C'est bien ! Maintenant, dites-moi quelles activités vous aimez faire en classe.

Karl : Bonjour, moi, c'est Karl. J'aime bien regarder des mini-vidéos et travailler en groupe. J'aime bien aussi faire des recherches sur Internet.

Manuel : Moi aussi ! J'aime lire des textes à voix haute.

Professeure : J'ai tout noté ! J'ai une dernière question : quand est-ce que vous avez commencé à apprendre le français ?

Karl : Euh, moi, j'ai commencé le français à l'école. Mais j'ai fait une longue pause.

Kirsten : Moi, j'ai commencé il y a un an à la *Volkshochschule*.

Professeure : Très bien ! Alors, on y va ?

Lösung

☐ Moi, j'écris des mails en français.

☒ J'écoute de la musique francophone sur Internet.

☐ Je regarde des films en français.

☐ J'aime bien faire des jeux.

☒ J'aime lire des textes à voix haute.

☒ J'entends des amis français parler.

☒ J'ai commencé le français à l'école.

▶ 01 **1c Lösung**

1. Il y a quatre personnes : Zoé (la professeure), Kirsten, Manuel et Karl.
2. Kirsten écoute de la musique francophone sur Internet.
3. Karl a commencé à faire du français à l'école.
4. [3] j'apprends le français depuis...
   [1] le français chez vous
   [2] le français en classe

1d Lösung

1. Je suis heureuse ☒ de vous rencontrer.
2. J'ai besoin ☒ de quelques informations.
3. J'écoute ☒ de la musique francophone sur Internet.
4. J'aime ☒ regarder des vidéos.
5. Quand est-ce que vous avez commencé ☒ à apprendre le français ?

▶ 02 **1e Text und Lösung**

■ Et vous, où est-ce que vous avez appris le français ?
▲ J'ai appris le français à l'école.
■ Est-ce que vous parlez français dans votre quotidien ?
▲ Parfois, je déjeune avec une collègue belge.
■ Ah ! C'est bien. Et quelles activités aimez-vous faire en classe ?
▲ J'aime bien parler et faire des jeux.
■ D'accord. Et à la maison, vous faites quoi ?
▲ Je lis des textes en français et j'écoute souvent de la musique francophone.

A

A2 Elle est sympa la prof, non ?

2a Verbinden Sie die Verben mit den Unterrichtsaktivitäten. Das Verb *faire* kommt mehrfach vor. Tipp: Hören Sie den Track der folgenden Übung zur Kontrolle.

1. faire	en groupe
2. lire	des exercices de grammaire
3. apprendre	les mots
4. prononcer	à voix haute
5. travailler	des jeux
	un exposé
	le vocabulaire

▶ 03 **2b Nach dem Unterricht sprechen Karl, Manuel und Kirsten mit Rebecca, einer weiteren Kursteilnehmerin, übers Französischlernen. Hören Sie das Gespräch und kreuzen Sie jeweils die richtige Alternative an.**

1. Pour Kirsten, l'enseignante est
   ☐ sympa.
   ☐ professionnelle.
2. Manuel aime faire des exercices
   ☐ de grammaire.
   ☐ de phonétique.
3. Kirsten pense que la langue française est
   ☐ compliquée.
   ☐ belle.
4. Rebecca dit que c'est ☐ facile ☐ difficile d'apprendre le vocabulaire.
5. Karl ☐ aime ☐ n'aime pas le travail en petit groupe.

▶ 04 **2c Paul aus Frankreich und Jonas aus Deutschland lernen gemeinsam als Sprachtandem. Hören Sie den Dialog und ergänzen Sie dann die französischen Entsprechungen der Ausdrücke.**

1. ich finde, dass ... *je trouve que...*
2. meiner Meinung nach ... ____________
3. ich habe den Eindruck, dass ... ____________
4. ich glaube, dass ... ____________

▶ 05 **2d Joanne will eine neue Sprache lernen, weiß aber nicht, ob sie mit einem Lehrer oder lieber allein lernen möchte. Um sich besser entscheiden zu können, hört sie einen Podcast zum Thema. Hören Sie und ergänzen Sie je drei Vorteile der beiden Lernmethoden.**

apprendre avec un professeur :

____

____

____

apprendre tout seul :

____

____

____

▶ 06 **2e Sie sind dran! Hören Sie und bewerten Sie verschiedene Lernmethoden mithilfe der Angaben auf Deutsch. Hören Sie zuerst das Beispiel.**

Beispiel: Ja, ich finde, das ist motivierend, um eine Sprache zu lernen.

■ Tu aimes lire à voix haute ?

▲ *Oui, je trouve que c'est motivant pour apprendre une langue.*

1. Ja. Meiner Meinung nach ist das praktisch, um eine Präsentation vorzubereiten.
2. Ja, ich habe den Eindruck, dass das funktioniert, um den Wortschatz zu lernen.
3. Ich glaube, dass es nützlich ist, Geschichten zu schreiben.
4. Ja. Ich denke, das ist super, um zum Beispiel Verben zu lernen.

A2 Elle est sympa la prof, non ?

2a Lösung

1. faire des exercices de grammaire, faire des jeux, faire un exposé
2. lire à voix haute
3. apprendre le vocabulaire
4. prononcer les mots
5. travailler en groupe

▶ 03 2b Text

Kirsten : Manuel, elle est sympa la prof, non ?

Manuel : Oui, c'est vrai, Kirsten. Elle a posé des questions intéressantes. Tu vois, moi, j'aime beaucoup faire des exercices de grammaire en classe.

Kirsten : Moi, j'aime bien prononcer les nouveaux mots et lire des textes à voix haute. C'est beau, le français, je trouve. Et toi, Rebecca ?

Rebecca : Moi, j'ai un peu de mal à apprendre le vocabulaire, mais faire des jeux ou des exposés, c'est sympa. Et toi, Karl ?

Karl : Ah ! Moi, je suis assez timide, alors j'aime bien travailler en petit groupe. Et comme Kirsten, je trouve que la prof est vraiment agréable et professionnelle.

Lösung

1. Pour Kirsten, l'enseignante est ☒ sympa.
2. Manuel aime faire des exercices ☒ de grammaire.
3. Kirsten pense que la langue française est ☒ belle.
4. Rebecca dit que c'est ☒ difficile d'apprendre le vocabulaire.
5. Karl ☒ aime le travail en petit groupe.

▶ 04 2c Text

Paul : Qu'est-ce que tu fais pour apprendre le français quand tu ne le pratiques pas avec moi, Jonas ?

Jonas : J'ai acheté un livre qui explique la grammaire en allemand. Je trouve que c'est plus facile. Et toi, Paul, comment tu fais pour apprendre l'allemand ?

Paul : À mon avis, il faut faire plein de choses. Par exemple, pour apprendre le vocabulaire, j'ai une application sur mon portable. J'ai vraiment l'impression que ça fonctionne !

Jonas : Oui, c'est vrai. Je crois que c'est pratique de l'utiliser dans les transports. Et c'est intéressant d'écouter des podcasts.

Lösung

1. ich finde, dass ... *je trouve que...*
2. meiner Meinung nach ... *à mon avis, ...*
3. ich habe den Eindruck, dass ... *j'ai l'impression que...*
4. ich glaube, dass ... *je crois que...*

▶ 05 **2d Text**

Édouard : Quels sont les avantages d'un cours de langues? Eh bien, le professeur est là pour expliquer les règles et corriger la prononciation. Ensuite, le cours a lieu le même jour à la même heure. C'est un rendez-vous. Enfin, je pense que c'est très motivant de faire partie d'un groupe et d'apprendre avec d'autres personnes.

Mais ce n'est pas obligatoire de prendre un cours. On peut aussi apprendre une langue tout seul. Le premier avantage, je crois que c'est le prix. Ça coute moins cher ! L'autre avantage, c'est que vous êtes libre d'apprendre à votre rythme. Enfin, vous pouvez choisir un matériel adapté à votre niveau.

Lösung

apprendre avec un professeur : Il y a un professeur pour expliquer les règles.
On a un rendez-vous régulier.
On fait partie d'un groupe.

apprendre tout seul : Le prix : ça coute moins cher.
On peut apprendre à son rhythme.
On peut choisir son matériel.

▶ 06 **2e Text und Lösung**

1. ■ Vous aimez travailler en groupe ?
   ▲ *Oui. À mon avis, c'est pratique pour préparer une présentation.*

2. ■ Tu utilises une application pour apprendre le français ?
   ▲ *Oui, j'ai l'impression que ça fonctionne pour apprendre le vocabulaire.*
   ■ Moi aussi.

3. ■ Qu'est-ce que tu me proposes pour mieux écrire en allemand ?
   ▲ *Je crois que c'est utile d'écrire des histoires.*
   ■ C'est une bonne idée. Je vais essayer.

4. ■ Est-ce que vous faites des jeux en français ?
   ▲ *Oui. Je pense que c'est super pour apprendre les verbes, par exemple.*

A3 J'apprends l'italien pour parler avec mon fiancé

3a Warum lernt man eine Fremdsprache? Ergänzen Sie die folgenden Motive mit dem fehlenden Wort.

en vacances • rencontrer • vivre • travail

J'apprends le français :

1. pour ______________ des gens

2. pour le ______________

3. pour ______________ en France

4. pour partir ______________

▶ 07 **3b Drei Kollegen unterhalten sich in der Cafeteria über Fremdsprachen. Hören Sie und kreuzen Sie an, ob die Aussagen richtig *(vrai)* oder falsch *(faux)* sind.**

	vrai	faux
1. Louis parle portugais.	☐	☐
2. Laura veut apprendre l'italien pour le travail.	☐	☐
3. Aris est grec.	☐	☐
4. Aris apprend le français.	☐	☐
5. Laura veut aider Aris dans son travail.	☐	☐

▶ 07 **3c Hören Sie den Dialog noch einmal und bringen Sie das Gespräch in die richtige Reihenfolge.**

1 *Laura :* Bon appétit, Louis. Dis, c'est vrai que tu parles espagnol ?

___ *Louis :* Ça doit être intense ! Tu n'es pas un peu stressé parfois ?

___ *Laura :* Moi, je parle français et anglais, c'est tout. Mais je vais prendre des cours d'italien. C'est pour parler avec mon fiancé et ma belle-famille. Et toi, Aris ? Tu parles plusieurs langues ?

___ *Aris :* Eh bien, je suis grec et je continue d'apprendre le français. C'est utile pour le travail et pour rencontrer des gens ici aussi.

___ *Aris :* Non, c'est motivant d'apprendre une langue et d'être dans le pays pour ça. Mes cours sont aussi intéressants pour apprendre à connaitre une autre culture. Ça aide !

___ *Louis :* Oui, Laura. Je l'apprends pour le plaisir. J'aime bien la mélodie de cette langue.

7 *Laura :* C'est sûr ! Nous aussi, on peut t'aider. Tu viens à ma soirée samedi soir ?

▶ 08 **3d Sie sind dran! Übernehmen Sie eine Rolle in vier kurzen Dialogen und beantworten Sie die Fragen mithilfe der Angaben.**

1. ■ Vous étudiez quelle langue, ton mari et toi ?

   étudier le français – partir en vacances en France

   ▲ ______________________________

2. ● Tu habites où maintenant ?

   vivre au Canada – alors – devoir apprendre l'anglais – pour le travail

   ▲ ______________________________

3. ◆ Ça te dit d'apprendre une langue ?

   avoir envie de – apprendre l'allemand – parce que – habiter à la frontière

   ▲ ______________________________

   ◆ Moi aussi. On apprend ensemble ? Je connais une super méthode !

4. ■ Pourquoi tu prends des cours de français ?

   apprendre le français – pour le plaisir – parce que – ma copine est suisse

   ▲ ______________________________

   ■ Ah, je comprends !

A3 J'apprends l'italien pour parler avec mon fiancé

3a Lösung

1. pour rencontrer des gens
2. pour le travail
3. pour vivre en France
4. pour partir en vacances

▶ 07 3b Lösung

	vrai	faux	
1. Louis parle portugais.	☐	☒	(espagnol)
2. Laura veut apprendre l'italien pour le travail.	☐	☒	(pour parler avec son fiancé et sa belle-famille)
3. Aris est grec.	☒	☐	
4. Aris apprend le français.	☒	☐	
5. Laura veut aider Aris dans son travail.	☐	☒	(pour son français)

▶ 07 3c Text und Lösung

1 *Laura :* Bon appétit, Louis. Dis, c'est vrai que tu parles espagnol ?

2 *Louis :* Oui, Laura. Je l'apprends pour le plaisir. J'aime bien la mélodie de cette langue.

3 *Laura :* Moi, je parle français et anglais, c'est tout. Mais je vais prendre des cours d'italien. C'est pour parler avec mon fiancé et ma belle-famille. Et toi, Aris ? Tu parles plusieurs langues ?

4 *Aris :* Eh bien, je suis grec et je continue d'apprendre le français. C'est utile pour le travail et pour rencontrer des gens ici aussi.

5 *Louis :* Ça doit être intense ! Tu n'es pas un peu stressé parfois ?

6 *Aris :* Non, c'est motivant d'apprendre une langue et d'être dans le pays pour ça. Mes cours sont aussi intéressants pour apprendre à connaitre une autre culture. Ça aide !

7 *Laura :* C'est sûr ! Nous aussi, on peut t'aider. Tu viens à ma soirée samedi soir ?

▶ 08 **3d Text und Lösung**

1. ■ Vous étudiez quelle langue ton mari et toi ?
   ▲ Nous étudions le français pour partir en vacances en France.

2. ● Tu habites où maintenant ?
   ▲ Je vis au Canada, alors je dois apprendre l'anglais pour le travail.

3. ◆ Ça te dit d'apprendre une langue ?
   ▲ J'ai envie d'apprendre l'allemand parce que j'habite à la frontière.
   ◆ Moi aussi. On apprend ensemble ? Je connais une super méthode !

4. ■ Pourquoi tu prends des cours de français ?
   ▲ J'apprends le français pour le plaisir et parce que ma copine est suisse.
   ■ Ah, je comprends !

B Tu viens chez moi ?

B1 Je m'installe

1a Ein neues Zuhause. Beschriften Sie die Fotos mithilfe der angegebenen Wörter.

un immeuble ancien • un couloir • une salle de séjour • une salle de bains • côté rue • côté jardin

1. ____________

2. ____________

3. ____________

4. ____________

5. ____________

6. ____________

▶ 09 **1b Hören Sie das Telefonat und kreuzen Sie die Aussagen an, die zutreffen.**

1. Amandine et Annie sont amies. ☐
2. Annie n'a visité qu'un logement. ☐
3. Elle préfère habiter près du centre. ☐
4. L'appartement se trouve dans un immeuble ancien. ☐
5. Il n'y a qu'une salle de bains dans l'appartement. ☐
6. Le bureau est situé côté jardin. ☐
7. Annie paye son loyer. ☐
8. Annie va encore déménager dans cinq ans. ☐

▶ 10 **1c Tobias und Babeth stehen in ihrer leeren neuen Wohnung und stellen Überlegungen zur Einrichtung an. In welchem Raum befinden sich die beiden?**

Ils se trouvent dans ____________________.

▶ 10 **1d Zeichnen Sie die im Dialog genannten Möbel an der richtigen Stelle ein. Hören Sie dazu den Track so oft wie nötig.**

le canapé • deux fauteuils •
la table à café •
des tableaux • la télé •
la bibliothèque •
la petite lampe •
la grande lampe •
l'immense tapis

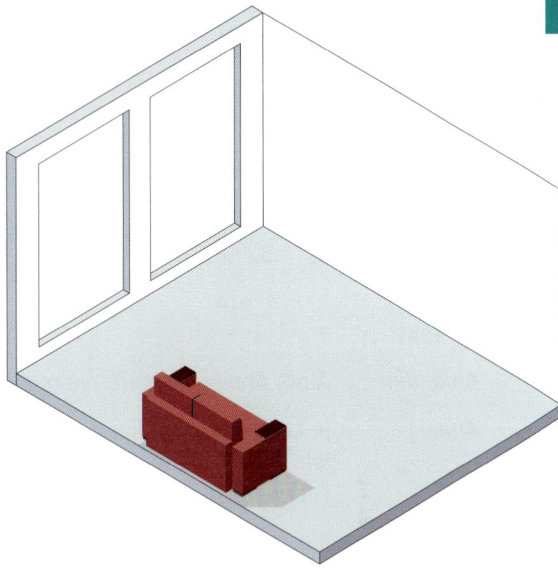

▶ 11 **1e Sie sind dran! Sie sind auf Geschäftsreise und übernachten in einem tollen Hotelzimmer. Beschreiben Sie es Ihrem Kollegen Ali mithilfe der Angaben auf Deutsch und übernehmen Sie die Rolle ▲.**

■ Alors, tu passes un bon séjour dans cet hôtel ?

Ja, es ist ruhig und bequem.

▲ ______________________

■ Tu m'as envoyé un message pour me dire que la chambre était super. Tu peux la décrire ?

Das Zimmer ist riesig. Es gibt ein sehr großes Bett auf der rechten Seite des Zimmers. Es gibt einen schönen Spiegel neben dem Fenster.

▲ ______________________

____

____

____

____

■ Tu as pu travailler un peu ?

Ja, ich habe einen Schreibtisch gegenüber dem Bett.

▲ ______________________

____

■ Et la salle de bains ?

Fantastisch! Es ist auf der rechten Seite, wenn du reingehst. Es gibt eine große Dusche. Nächstes Mal kommst du mit mir. Es ist schön hier.

▲ ______________________

____

____

____

B1 Je m'installe

1a Lösung

1. côté rue
2. un immeuble ancien
3. une salle de bains
4. côté jardin
5. un couloir
6. une salle de séjour

▶ 09 1b Text

Amandine : Alors Annie, tu as trouvé quelque chose ?

Annie : Je crois que oui. Hier, j'ai visité une maison, mais elle était trop loin du centre. Ce matin, j'ai vu un appartement près de la mairie. J'ai eu le coup de foudre.

Amandine : Il est comment ? Raconte !

Annie : Il est dans un immeuble ancien. La salle de séjour est immense. La salle de bains a une grande douche, et il y a une fenêtre, comme j'aime.

Amandine : C'est génial ! Il n'y a qu'une salle de bains ?

Annie : Oui, mais il y a d'autres WC près de l'entrée. Ça sera pratique quand on aura des invités. Hein, petite sœur ?

Amandine : Oui. Et les autres pièces, alors ?

Annie : Quand tu entres, il y a un long couloir. Côté rue, il y a donc les WC, la salle de séjour, la salle de bains et le bureau. Côté jardin, j'ai deux grandes chambres et la cuisine.

Amandine : Et le loyer ?

Annie : C'est un peu cher : 2400 €, mais c'est l'entreprise de Jorgen qui paye. On reste ici cinq ans.

Amandine : Bon, je crois que tu as de la place pour moi. Quand est-ce que je peux venir à Barcelone ?

Annie : Quand tu veux, Amandine.

Lösung

3. Elle préfère habiter près du centre. ☒
4. L'appartement se trouve dans un immeuble ancien. ☒
5. Il n'y a qu'une salle de bains dans l'appartement. ☒
8. Annie va encore déménager dans cinq ans. ☒

▶ 10 **1c/d Text**

Tobias : Bon, alors là, on est en face de la fenêtre. Où est-ce qu'on met le canapé ?

Babeth : On va le mettre à gauche de la fenêtre, de côté, non ?

Tobias : Oui, c'est sympa comme ça. Je voudrais mettre les deux fauteuils de chaque côté du canapé et la table à café au milieu.

Babeth : C'est très convivial, je trouve. Bonne idée ! Qu'est-ce qu'on fait des tableaux et de la télé ?

Tobias : Pourquoi ne pas accrocher la télé sur le mur en face du canapé et les tableaux de chaque côté de la télé ?

Babeth : D'accord. Il y a encore la bibliothèque pour mes livres. J'aimerais la mettre au-dessous de la télé.

Tobias : Oui, et on pourrait mettre la petite lampe à droite de la fenêtre et la grande lampe à gauche, derrière le fauteuil. Oh, mince! On a oublié l'immense tapis. Il faudra déplacer les fauteuils et le canapé pour le mettre au milieu de la pièce.

Lösung

Ils se trouvent dans
le salon / la salle de séjour.

▶ 11 **1e Text und Lösung**

■ Alors, tu passes un bon séjour dans cet hôtel ?

▲ Oui, c'est tranquille et confortable.

■ Tu m'as envoyé un message pour me dire que la chambre était super. Tu peux la décrire ?

▲ La chambre est immense. Il y a un très grand lit à droite de la pièce. Il y a un joli miroir à côté de la fenêtre.

■ Tu as pu travailler un peu ?

▲ Oui, j'ai un bureau en face du lit.

■ Et la salle de bains ?

▲ Fantastique ! Elle est à droite quand tu entres. Il y a une grande douche. La prochaine fois, tu viens avec moi. C'est beau ici.

B2 J'arrive !

▶ 12 **2a Über welche Art der Fortbewegung wird gesprochen? Hören Sie die sechs kurzen Dialoge und ordnen Sie sie den Fotos zu.**

la voiture électrique • le covoiturage • le train • l'avion • le bateau • le vélo

A

Dialog ____

____

B

Dialog ____

____

C

Dialog ____

____

D

Dialog ____

____

E

Dialog ____

____

F

Dialog ____

____

▶ 13 **2b Amandine bucht eine Fahrkarte, um ihre Schwester Annie zu besuchen. Hören Sie den Dialog und verbinden Sie die zusammengehörenden Elemente. Manchmal gibt es mehrere Möglichkeiten.**

1. une correspondance	a. -retour
2. un train	b. classe
3. côté	c. fenêtre
4. en première	d. de train
5. un aller	e. à Nimes
6. la voiture	f. direct
7. le billet	g. couloir
8. en seconde	h. 3
	i. simple

▶ 13 **2c Hören Sie den Dialog noch einmal und beantworten Sie die Fragen.**

1. Où habite Amandine ?

____

____

2. Où est-ce qu'elle va ?

____

____

3. Quand est-ce qu'elle part voir sa sœur ?

____

____

4. Dans quelle ville est-ce qu'elle doit changer de train ?

____

▶ 14 **2d Sie sind dran! Buchen Sie eine Fahrkarte wie im Beispiel. Was Sie sagen sollen, ist mit ▲ gekennzeichnet. Hören Sie zuerst das Beispiel. Sprechen Sie dann jeweils nach dem Signalton.**

Beispiel: Sie hätten gern eine Hin- und Rückfahrt nach Bordeaux.

▲ *Bonjour, je voudrais un aller-retour pour Bordeaux, s'il vous plait.*

● Un instant, euh… Voilà… Il y a un train à 7h35. Il arrive à Bordeaux à 10h40.

1. Sie fragen, ob die Verbindung direkt oder mit Umsteigen ist.
2. Sie möchten einen Platz in der 1. Klasse.
3. Sie finden das schade und fragen nach einem Platz am Gang.

B2 J'arrive !

▶ 12 **2a Text**

Dialog 1

■ C'est quand même cher, je trouve.

● C'est sûr, mais c'est l'avenir. Il y en a de plus en plus, et c'est important pour l'environnement de conduire une voiture comme ça.

Dialog 2

▲ Je ne sais pas quoi faire cet été. Tu fais quoi, toi ?

◆ Moi, je pars au bord de la Méditerranée. Tu as déjà fait une croisière ? C'est agréable de voyager en mer.

▲ Non, mais c'est une bonne idée. Je vais regarder les prix.

Dialog 3

▼ Moi, je ne le prends jamais. C'est cher, c'est polluant, et j'ai peur d'un crash.

◆ Je comprends, mais c'est dommage parce que c'est rapide et pratique quand tu veux visiter des pays qui sont loin.

Dialog 4

■ Moi, je vais au travail avec mes collègues. On se rencontre devant la poste à 7h30. On partage la voiture et le cout de l'essence.

◆ C'est génial! Je vais proposer cette idée à mes voisines. On travaille presque au même endroit.

Dialog 5

● Je trouve ça pratique et économique.

▲ Oui, c'est vrai. C'est plus simple d'arriver à la gare qui est généralement dans le centre-ville, et on a toujours le temps de lire ou de travailler pendant le voyage.

Dialog 6

■ Tu sais, je me déplace toujours comme ça en ville. C'est très économique et c'est rapide avec toutes ces pistes cyclables.

● Et en plus, c'est bon pour la santé !

Lösung

A: Dialog 2	B: Dialog 1	C: Dialog 5
le bateau	la voiture électrique	le train
D: Dialog 3	E: Dialog 6	F: Dialog 4
l'avion	le vélo	le covoiturage

▶ 13 2b/c Text

Amandine : Bonjour, je voudrais un billet pour Barcelone, s'il vous plait.

L'employé : Oui, vous voulez partir quand ?

Amandine : Vendredi prochain, le 15 février, si possible.

L'employé : On va regarder ça... Alors... le 15 février... À quelle heure vous voudriez partir ?

Amandine : Le matin, vers 11h ? Est-ce que le train est direct ?

L'employé : Non, il y a une correspondance à Nimes. Un aller simple ou un aller-retour ?

Amandine : Un aller simple, s'il vous plait.

L'employé : Et vous préférez voyager en première classe ou en seconde ?

Amandine : En première.

L'employé : D'accord. Alors, départ de Marseille à 11h17. La correspondance est à 13h08. Vous arrivez à Barcelone à 16h34.

Amandine : Combien coute le billet ?

L'employé : En première, ça fera 86,10 €. Côté fenêtre ou côté couloir ?

Amandine : D'accord, je paie par carte. Euh... Côté couloir, s'il vous plait.

L'employé : Voilà, vous serez à la voiture 3, place 62, puis à la voiture 2, place 44. N'oubliez pas de composter votre billet de train. Bon voyage.

Amandine : Merci, au revoir.

2b Lösung

1. e. 2. f. 3. c., g. 4. b. 5. a., i. 6. h. 7. d. 8. b.

2c Lösung

1. Amandine habite à Marseille.
2. Elle va à Barcelone.
3. Elle part le (vendredi) 15 février.
4. Elle doit changer de train à Nimes.

▶ 14 2d Text und Lösung

1. ▲ C'est un train direct ou il y a une correspondance ?
   - ● C'est direct.
2. ▲ J'aimerais une place en première classe, s'il vous plait.
   - ● Il n'y en a plus malheureusement.
3. ▲ Dommage. Je peux avoir une place côté couloir, s'il vous plait ?
   - ● Mais oui, bien sûr. Ça fera 54 euros.

B3 Dans ma ville

▶ 15 **3a Wer wohnt wo? Adelaïde und Thibault sitzen im Café und unterhalten sich über ihre Wohnviertel. Hören Sie den Dialog und ergänzen Sie die Namen.**

A

B

A ______________________ B ______________________

▶ 15 **3b Hören Sie den Dialog noch einmal und ergänzen Sie die Lücken hier und auf Seite 29 oben.**

les espaces verts • un quartier animé • un immeuble ancien • les loyers • des petits commerces • en banlieue • un centre commercial • un immeuble moderne • la vie nocturne

Adelaïde : Alors, tu ne te sens pas trop perdu dans cette ville ?

Thibault : Je ne la connais pas encore très bien. Par exemple, tu pourrais me dire où il y a ______________________ ?

Adelaïde : Il y en a deux ou trois ______________________ . Mais tu n'as pas de voiture, je crois.

Thibault : Oui, c'est vrai. Il y a ______________________ intéressants en bas de chez moi, alors c'est pas grave. Tu habites vers où ?

Adelaïde : Vers la mairie, dans ______________________ . C'est ______________________ . J'aime bien.

Thibault : Ah, je connais ce coin. J'y vais souvent parce que ______________________ y est variée : beaucoup de restaurants, de bars, de spectacles. Moi, je vis dans un ______________________ , près de la rivière.

Adelaïde : Je vois. C'est plus tranquille et ______________________________ sont un peu moins chers.

Thibault : Oui, j'aime bien faire des balades à vélo et ____________________ ________. On pourrait en faire une un jour, si tu veux... Une balade à vélo près de la rivière, et un piquenique!

▶ 16 **3c Sie sind dran! Hören Sie und beantworten Sie die Fragen mithilfe der angegebenen Stichwörter. Hören Sie zuerst das Beispiel.**

Beispiel: immeuble ancien

- Tu habites dans quel type de logement ?
- ▲ *J'habite dans un immeuble ancien.*
- Ah, moi aussi !

1. dynamique, petits commerces partout
2. beaucoup de restaurants, un marché
3. nouveau quartier, banlieue
4. vie nocturne, animée

B3 Dans ma ville

▶ 15 3a/b Text und Lösung

Adelaïde : Alors, tu ne te sens pas trop perdu dans cette ville ?

Thibault : Je ne la connais pas encore très bien. Par exemple, tu pourrais me dire où il y a un centre commercial ?

Adelaïde : Il y en a deux ou trois en banlieue. Mais tu n'as pas de voiture, je crois.

Thibault : Oui, c'est vrai. Il y a des petits commerces intéressants en bas de chez moi, alors c'est pas grave. Tu habites vers où ?

Adelaïde : Vers la mairie, dans un immeuble ancien. C'est un quartier animé. J'aime bien.

Thibault : Ah, je connais ce coin. J'y vais souvent parce que la vie nocturne y est variée : beaucoup de restaurants, de bars, de spectacles. Moi, je vis dans un immeuble moderne, près de la rivière.

Adelaïde : Je vois. C'est plus tranquille et les loyers sont un peu moins chers.

Thibault : Oui, j'aime bien faire des balades à vélo et les espaces verts. On pourrait en faire une un jour, si tu veux... Une balade à vélo près de la rivière, et un piquenique !

A Thibault B Adelaïde

▶ 16 3c Text und Lösung

1. ● Il est comment ton quartier ?
   ■ Mon quartier est dynamique. Il y a des petits commerces partout.
   ● C'est génial !

2. ● Qu'est-ce qu'il y a près de chez toi ?
   ■ Il y a beaucoup de restaurants et un marché.
   ● J'aimerais bien aller au marché. On y va samedi ?

3. ● Où est-ce que tu habites ?
   ■ J'habite dans un nouveau quartier en banlieue.

4. ● Qu'est-ce qu'on peut faire le soir dans ton quartier ?
   ■ La vie nocturne est animée.
   ● Il faut planifier quelque chose, alors !

C Quels souvenirs !

C1 Est-ce que c'était mieux avant ?

▶ 17 **1a Für eine Straßenumfrage beantworten vier Passanten die Frage: War es früher besser? Schreiben Sie den Namen des Passanten / der Passantin unter das Thema, über das er / sie spricht.**

A 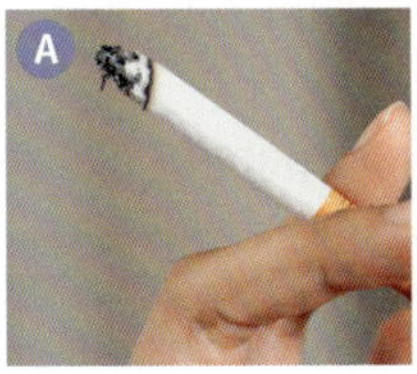

B 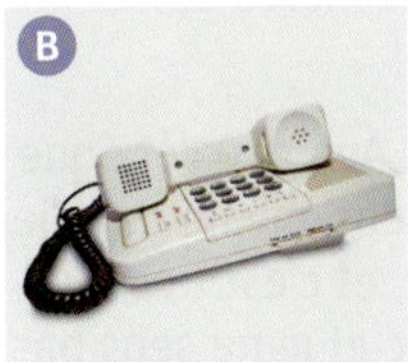

C 

D 

___________ ___________ ___________ ___________

▶ 17 **1b Lesen Sie die Sätze, dann hören Sie noch einmal die Straßenumfrage und kreuzen die jeweils richtige Antwort an.**

1. Daniel
   a. ☐ Sa grand-mère lui disait de boire du jus de citron.
   b. ☐ Il ne sait plus quoi consommer aujourd'hui.
2. Nathalie
   a. ☐ Elle aimerait fumer dans les avions.
   b. ☐ Elle apprécie l'interdiction de fumer dans les endroits publics.
3. Élodie
   a. ☐ Avant, on pouvait rater un appel urgent.
   b. ☐ Elle dit que c'était mieux avant.
4. Robert
   a. ☐ Il trouve que les logements sont plus petits qu'avant.
   b. ☐ Son petit-fils n'est pas d'accord avec lui.

▶ 18 **1c Sie sind dran! Hören Sie die Meinungen und reagieren Sie mithilfe der Hinweise. Hören Sie zuerst das Beispiel.**

Beispiel: man schreibt E-Mails – es ist kostenlos und schneller

■ Avant, on prenait le temps d'écrire des lettres aux gens.

▲ *Oui, mais maintenant, on écrit des mails. C'est gratuit et plus rapide.*

1. man nutzt das Internet – alles geht schneller
2. die Autos sind besser für die Umwelt, vor allem Elektroautos
3. die Kinder spielen nicht mehr zusammen und sind nicht mehr draußen

C1 Est-ce que c'était mieux avant ?

▶ 17 **1a/b Text**

Daniel : Moi, c'est Daniel. J'ai 30 ans et je trouve qu'on ne sait plus quoi consommer aujourd'hui. Par exemple, on dit que boire de l'eau chaude avec du jus de citron avant le petit déjeuner, c'est bon pour la santé. Quelques années après, on dit que consommer du citron tous les jours, c'est mauvais pour l'estomac. Avant, c'étaient nos mères et nos grands-mères qui nous conseillaient, pas les médias !

Nathalie : Je suis Nathalie et j'ai 24 ans. Avant, à l'époque de mes parents, les gens pouvaient fumer où ils voulaient, même dans les avions. Maintenant, c'est interdit presque partout, et c'est très bien comme ça. Je peux aller au restaurant ou dans un parc et je ne sens pas cette mauvaise odeur !

Élodie : Moi, c'est Élodie et j'ai 43 ans. Est-ce que c'était mieux avant ? Je ne sais pas. Par exemple, avant, quand les gens voulaient me parler au téléphone et que je n'étais pas chez moi, ils devaient me laisser un message. Ils devaient aussi attendre pour pouvoir me parler. Maintenant, avec les portables, c'est plus facile. On ne rate pas un appel urgent, mais on n'est jamais tranquille.

Robert : Je m'appelle Robert et j'ai 75 ans. Avant, on vivait dans des logements plus grands et moins chers que maintenant. Mon petit-fils est étudiant et il paye 650 euros pour un studio minuscule à Paris. En plus, les toilettes sont dans le couloir !

1a Lösung

A Nathalie B Élodie C Daniel D Robert

1b Lösung

1. Daniel
   a. ☐ Sa grand-mère lui disait de boire du jus de citron.
   b. ☒ Il ne sait plus quoi consommer aujourd'hui.
2. Nathalie
   a. ☐ Elle aimerait fumer dans les avions.
   b. ☒ Elle apprécie l'interdiction de fumer dans les endroits publics.
3. Élodie
   a. ☒ Avant, on pouvait rater un appel urgent.
   b. ☐ Elle dit que c'était mieux avant.
4. Robert
   a. ☒ Il trouve que les logements sont plus petits qu'avant.
   b. ☐ Son petit-fils n'est pas d'accord avec lui.

▶ 18 **1c Text und Lösung**

1. ● Avant, on rencontrait l'amour dans une discothèque ou chez des amis.

   ▲ Oui, mais maintenant, on utilise Internet. Tout va plus vite.

2. ◆ Avant, il y avait moins de voitures et donc moins de pollution.

   ▲ Oui, mais maintenant, les voitures sont meilleures pour l'environnement, surtout les voitures électriques.

3. ■ Je trouve ça génial les tablettes pour les enfants ! Toutes ces applications, tous ces jeux, c'est bien, non ?

   ▲ Oui, mais maintenant, les enfants ne jouent plus ensemble et ils ne sont plus dehors.

C2 Quand j'étais petit

▶ 19 **2a Als ich klein war ... Hören Sie die sechs folgenden Kommentare und ordnen Sie sie den folgenden Objekten, Orten oder Aktivitäten zu.**

Kommentar ____

Kommentar ____

Kommentar ____

Kommentar ____

Kommentar ____

Kommentar ____

▶ 20 **2b Françoise spricht mit ihrer Tochter und ihrer Enkelin über die Vergangenheit. In welchem Jahrzehnt war jeweils ihre Kindheit? Achtung: Für eine der drei Frauen gibt es keine Antwort im Hörtext.**

Françoise (la grand-mère) : ____________________

Claire (la mère) : ____________________

Anne (la fille) : ____________________

▶ 20 **2c Hören Sie den Dialog erneut und ergänzen Sie die Tabelle mit den passenden Informationen.**

	Françoise	Claire	Anne
mes loisirs	danser le twist		
un objet			
un lieu			

▶ 21 **2d Sie sind dran! Hören Sie und beantworten Sie die Fragen mithilfe der Hinweise. Hören Sie zuerst das Beispiel.**

Beispiel: non – à Menton, en France

■ Tu habitais à Munich quand tu étais enfant ?

▲ Non, j'habitais à Menton, en France.

1. un chien – Snoopy
2. ma sœur et moi – la même chambre
3. les avocats et la viande rouge
4. l'élastique – avec mes amis

▶ 22 **2e Jetzt stellen Sie die Fragen! Sie möchten von Ihrem Freund einige Details aus seiner Kindheit wissen. Die Antwort hören Sie jeweils nach Ihrer Frage.**

1. Was war dein Lieblingsplatz?
2. Was hast du als Kind gern gemacht?
3. Hattest du ein Lieblingsobjekt?

C2 Quand j'étais petit

▶ 19 2a Text

1. Ma mère m'a appris à faire du tricot quand j'étais petite. Maintenant, quand j'ai besoin d'un pull, j'achète de la laine et j'en fais un.
2. Quand j'avais huit ans, j'adorais lire des romans d'aventure et imaginer que je vivais des choses extraordinaires avec mes amis. Je pouvais être qui je voulais : un mousquetaire, un Indien d'Amérique ou Robinson Crusoé.
3. Dans la cour de récréation, on jouait à chat. C'était souvent moi le chat et je devais courir pour attraper mes amies les souris.
4. Tu sais, en France, les enfants apprennent très tôt à écrire au stylo à plume. Quand j'étais petite, j'ai habité deux ans au Canada et j'ai dû écrire au crayon à papier à l'école. C'était drôle.
5. J'ai commencé à collectionner les figurines quand j'avais dix ans. J'adorais les dessins animés japonais et j'achetais toutes les petites statues de mes héros préférés.
6. J'ai un très bon souvenir de la maison de vacances de mes parents. On y a passé de beaux étés tous ensemble.

Lösung

A 4 B 3 C 1 D 2 E 5 F 6

▶ 20 2b/c Text

Anne : Dis, Mamie, tu aimais faire quoi quand tu étais petite ?

Françoise : J'aimais bien faire du tricot et, dans les années 60, on dansait le twist avec ma sœur et mon frère, comme Brigitte Bardot. Et toi, Claire, tu aimais lire, non ?

Claire : Moi, dans les années 80, je lisais beaucoup de romans d'aventure. Je sautais souvent à l'élastique avec mes amies, comme toi Anne, non ?

Anne : Non, je jouais à chat, et comme tu le sais, je jouais du piano aussi. Un jour tu m'as offert une figurine d'un pianiste jazz. C'était mon objet préféré et le début d'une collection. Tu avais un objet préféré, toi, Maman ?

Claire : Ah ! Moi, ta grand-mère m'a donné un magnifique stylo à plume que j'utilise toujours.

Françoise : Je me souviens... Quand j'étais enfant, ce stylo était mon objet préféré aussi. Je l'ai eu un soir d'été, dans notre maison de vacances qui était mon endroit favori. Tu sais, Anne, ta mère aussi l'aimait beaucoup, cette maison. C'est dommage, mais on l'a vendue.

Claire : Moi, mon lieu préféré, c'était le bureau de Papa. J'y jouais beaucoup.

2b Lösung

Françoise (la grand-mère) : 1960

Claire (la mère) : 1980

Anne (la fille) : on ne sait pas

2c Lösung

	Françoise	Claire	Anne
mes loisirs	faire du tricot danser le twist	lire sauter à l'élastique	jouer à chat jouer du piano
un objet	un stylo à plume	un stylo à plume	une figurine
un lieu	la maison de vacances	la maison de vacances	le bureau de son père

▶ 21 **2d Text und Lösung**

1. ■ Tu avais un animal de compagnie ?
   ▲ J'avais un chien. Il s'appelait Snoopy.
   ■ Moi, j'avais un chat qui s'appelait Jack.
2. ● Chez toi, tu avais une chambre seulement pour toi ?
   ▲ Ma sœur et moi avions la même chambre.
   ● Moi aussi je partageais la chambre avec mon frère.
3. ◆ Quand j'étais petit, je détestais les épinards. Et toi ?
   ▲ Moi, je détestais les avocats et la viande rouge.
   ◆ Je devais rester à table pour finir mon plat. C'était terrible, je m'en souviens !
4. ■ Tu avais un jeu préféré dans la cour de récréation ?
   ▲ Oui, j'adorais sauter à l'élastique avec mes amis.

▶ 22 **2e Text und Lösung**

1. ▲ Quel était ton endroit préféré ?
   ■ C'était le jardin de mes grands-parents. Je m'inventais mille histoires !
2. ▲ Qu'est-ce que tu aimais faire quand tu étais petit ?
   ■ J'aimais bien écouter mes disques et chanter. Je jouais au tennis aussi.
3. ▲ Tu avais un objet préféré ?
   ■ Oui, une tasse blanche avec un clown dessus. Je l'ai toujours.

C3 Raconte-moi ça !

▶ 23 **3a Im Restaurant erzählen sich zwei Freundinnen von ihrem ersten Job. Hören Sie, zunächst ohne den Text mitzulesen, und ergänzen Sie dann die Lücken mit den angegebenen Ausdrücken. Hören Sie dann noch einmal zur Kontrolle.**

il y a vingt ans • je me souviens • tous les jours • quand j'avais seize ans • hier • un très bon souvenir • à cette époque-là • ton premier boulot • pendant deux ans

Émilie : Alors moi, j'ai commencé par faire du baby-sitting. ____________________ , j'allais chercher la petite Katarina à l'école et je la gardais jusqu'à 19h30.

Charlotte : Ah bon ? Tu faisais tout alors : la douche, le diner...

Émilie : Oui. ____________________ qu'on jouait beaucoup aussi. On chantait, on dessinait... J'étais très triste quand elle est repartie dans son pays. Mais c'est ____________________ . Et toi, Charlotte, c'était quoi ____________ ?

Charlotte : Moi, c'était dans une épicerie. J'aidais les gens à choisir leurs fruits et leurs légumes et à remplir leurs sacs. ____________________ , on prenait plus le temps. C'était ____________________ environ. J'y ai travaillé ____________________ . Et toi, Émilie, tu as gardé Katarina pendant combien de temps ?

Émilie : Trois ans. C'était ____________________ . Elle a bien grandi. Elle est maman maintenant. Je l'ai eue ____________________ au téléphone.

▶ 24 **3b Wie war dein Wochenende? Hören Sie den Dialog und kreuzen Sie die richtige Situation an.**

C'est une conversation entre ☐ collègues. ☐ voisins. ☐ un oncle et un neveu.

▶ 24/25 **3c Sie sind dran! Hören Sie Track 24 noch einmal. Dann beantworten Sie die Fragen zum Text, die Sie in Track 25 hören.**

1. ____________________
2. ____________________
3. ____________________
4. ____________________
5. ____________________

▶ 26 **3d Sie sind dran! Es ist Montagmorgen und Sie erzählen einem Kollegen von Ihrem Wochenende. Antworten Sie wie im Beispiel und mithilfe der Fotos. Was Sie sagen sollen, ist mit ▲ gekennzeichnet.**

einkaufen

Beispiel:

■ Tu as fait quoi samedi matin ?

▲ *J'ai fait les courses.*

1.

Klavier spielen

■ Et après les courses ?

▲ ______________________________

____

2.

ins Kino gehen

■ Ah ! Je ne savais pas que tu jouais du piano. Et le soir ?

▲ ______________________________

____

3.

die Wohnung putzen

einen Brunch machen

■ C'est super ! Moi, J'étais au restaurant samedi soir. Et dimanche, alors ?

▲ ______________________________

____

4.

eine Fahrradtour machen

■ Hmmm ! J'aime les brunchs moi aussi. Tu m'as donné une idée pour le weekend prochain. Tu as fait quelque chose de spécial dimanche après-midi ?

▲ ______________________________

____

■ Eh bien ! Tu as passé un bon weekend. Maintenant, au travail !

C3 Raconte-moi ça !

▶ 23 3a Text und Lösung

Émilie : Alors moi, j'ai commencé par faire du baby-sitting. Tous les jours, j'allais chercher la petite Katarina à l'école et je la gardais jusqu'à 19h30.

Charlotte : Ah bon ? Tu faisais tout alors : la douche, le diner...

Émilie : Oui. Je me souviens qu'on jouait beaucoup aussi. On chantait, on dessinait... J'étais très triste quand elle est repartie dans son pays. Mais c'est un très bon souvenir. Et toi, Charlotte, c'était quoi ton premier boulot ?

Charlotte : Moi, c'était dans une épicerie. J'aidais les gens à choisir leurs fruits et leurs légumes et à remplir leurs sacs. À cette époque-là, on prenait plus le temps. C'était quand j'avais seize ans environ. J'y ai travaillé pendant deux ans. Et toi, Émilie, tu as gardé Katarina pendant combien de temps ?

Émilie : Trois ans. C'était il y a vingt ans. Elle a bien grandi. Elle est maman maintenant. Je l'ai eue hier au téléphone.

▶ 24 3b Text

Ivan : Hé, salut Yann. Ça va ? Comment s'est passé ton weekend ?

Yann : Super ! Le chalet était comme sur les photos et il y avait beaucoup de neige. J'ai fait du snowboard tous les matins. La station était petite mais familiale, comme j'aime.

Ivan : Vous avez fait quoi d'autre ?

Yann : L'après-midi, on allait à la piscine et on a fait quelques fois les magasins. Le soir, on se couchait tôt parce qu'on était fatigués. Ivan, tu t'es occupé du chat toute la semaine. C'est vraiment gentil, merci.

Ivan : Mais de rien. J'habite juste en face, ce n'était pas difficile. Et puis, je suis allé au même endroit le mois dernier, et tu es venu arroser mes plantes. On y va ensemble la prochaine fois.

Lösung

C'est une conversation entre ☒ voisins.

▶ 25 **3c Text und Lösung**

1. ■ Qui est parti en vacances ?
   ▲ *C'est Yann.*

2. ■ À quel endroit est-ce qu'il est parti ?
   ▲ *Il est parti dans une station de ski. / Il est parti à la montagne.*

3. ■ Qu'est-ce qu'il faisait tous les matins ?
   ▲ *Il faisait du snowboard.*

4. ■ Qui s'est occupé du chat ?
   ▲ *C'est son voisin Ivan. / C'est Ivan.*

5. ■ Qu'est-ce que Yann a fait pour Ivan ?
   ▲ *Il a arrosé ses plantes le mois dernier.*

▶ 26 **3d Text und Lösung**

1. ■ Et après les courses ?
   ▲ *J'ai joué du piano.*

2. ■ Ah ! Je ne savais pas que tu jouais du piano. Et le soir ?
   ▲ *Je suis allé(e)au cinéma.*

3. ■ C'est super ! Moi, J'étais au restaurant samedi soir. Et dimanche, alors ?
   ▲ *J'ai fait le ménage et j'ai mangé un brunch. / j'ai fait un brunch.*

4. ■ Hmmm ! J'aime les brunchs moi aussi. Tu m'as donné une idée pour le weekend prochain. Tu as fait quelque chose de spécial dimanche après-midi ?
   ▲ *J'ai fait une balade à vélo. / Je me suis baladé(e) à vélo.*
   ■ Eh bien ! Tu as passé un bon weekend. Maintenant, au travail !

C4 C'est qui Vincent Laffitte ?

▶ 27 **4a Ein Reporter interviewt die 88-jährige Paloma für einen örtlichen Radiosender. Hören Sie das Gespräch und beantworten Sie die folgende Frage.**

Paloma parle

☐ de sa vie personnelle.

☐ de sa vie professionnelle.

☐ des deux.

▶ 27 **4b Hören Sie das Interview noch einmal und füllen Sie die Tabelle aus, mit der sich Paloma auf die Fragen des Reporters vorbereitet hat.**

	dates	personnes	lieux
l'enfance	1932		
le restaurant			
la retraite			

▶ 28 **4c Vervollständigen Sie den folgenden Lebensweg mit den angegebenen Zeitangaben. Hören Sie den Text dann zur Kontrolle.**

aujourd'hui • un peu plus tard • pendant dix ans • quand j'étais enfant • à 25 ans • après mes études

J'ai commencé à apprendre le piano ______________ . ______________ au conservatoire de Lyon, je me suis inscrit à la chorale de Paris. ______________, je jouais dans de grands hôtels. Un producteur m'a vu. ______________, il est venu me voir pour me proposer un contrat. ______________, j'ai fait de nombreux concerts. Je suis allé dans beaucoup de pays. ______________, je suis chef pâtissier. J'avais envie de faire autre chose.

▶ 29 **4d Uwe und Valérie sitzen in einem Saal und warten darauf, dass die Show *Ne vous inquiétez pas, tout va bien* losgeht. Uwe wurde von Valerie spontan zu der Show eingeladen und kennt den Komiker noch nicht. Hören Sie und bringen Sie die Informationen über das Leben des Künstlers in chronologische Reihenfolge.**

1 a. naissance à Paris

___ b. petit rôle dans un film

___ c. début du succès

___ d. création d'un festival d'humour régional

___ e. mariage avec une journaliste

___ f. débuts à la radio et one-man shows

___ g. spectacle au mariage de Pierre

___ h. émission *La France et ses talents*

___ i. naissance de son fils

10 j. spectacle *Ne vous inquiétez pas, tout va bien*

▶ 30 **4e Sie sind dran! Verwenden Sie die Informationen aus Übung 4 c, um die Fragen Ihres Freundes zu beantworten. Übernehmen Sie anschließend die Rolle ▲ im Dialog.**

■ Vincent Lafitte est né où ?

▲ ______________________________

■ Il est marié ?

▲ ______________________________

■ On l'a vu dans quelle émission déjà ? Je ne m'en souviens plus.

▲ ______________________________

■ Il a fait quoi après ?

▲ ______________________________

C4 C'est qui Vincent Lafitte ?

▶ 27 **4a/b Text**

Journaliste : Paloma, vous êtes française d'origine espagnole. Où est-ce que vous avez grandi ?

Paloma : Je suis née en 1932 à Sète, près de Montpellier. Je suis restée là-bas jusqu'à mon mariage.

Journaliste : Qu'est-ce que vous pouvez me dire sur votre enfance ?

Paloma : J'avais deux frères et une sœur. On allait souvent à la plage, même en hiver. Mon père voyageait souvent pour son travail. Maman était seule, alors je l'aidais avec le ménage et la préparation des repas.

Journaliste : Et c'est comme ça que vous avez appris à cuisiner ?

Paloma : Oui, c'est grâce à Maman. Quand je me suis mariée en 1954, mon mari, Antoine, m'a proposé d'ouvrir un restaurant. J'ai réfléchi et j'ai accepté. La Cazuela de Paloma a ouvert en 1960 à Saint-Jean-de-Luz.

Journaliste : Et quel succès ! Quel est votre secret ?

Paloma : Ce n'était pas facile au début avec mes enfants, mais Maman était avec moi en cuisine, heureusement ! Mon secret ? J'ai toujours fait une cuisine simple et familiale. J'ai pris ma retraite il y a huit ans. Je suis retournée à Sète. Aujourd'hui, c'est mon fils Esteban qui est dans la cuisine de mon restaurant.

Journaliste : Merci, Paloma. Et vos petits gâteaux étaient délicieux !

4a Lösung

Paloma parle ☒ des deux.

4b Lösung

	dates	personnes	lieux
l'enfance	1932	deux frères et une sœur, mon père, Maman	Sète, la plage
le restaurant	1960 aujourd'hui	mon mari Antoine, Esteban, Maman	Saint-Jean-de-Luz
la retraite	il y a huit ans		Sète

▶ 28 **4c Text und Lösung**

J'ai commencé à apprendre le piano quand j'étais enfant. Après mes études au conservatoire de Lyon, je me suis inscrit à la chorale de Paris. À 25 ans, je jouais dans de grands hôtels. Un producteur m'a vu. Un peu plus tard, il est venu me voir pour me proposer un contrat. Pendant dix ans, j'ai fait de nombreux concerts. Je suis allé dans beaucoup de pays. Aujourd'hui, je suis chef pâtissier. J'avais envie de faire autre chose.

▶ 29 **4d Text**

Uwe : C'est sympa de m'avoir invité à ce spectacle, mais c'est qui Vincent Laffitte ?

Valérie : C'est un ami en fait. Il est humoriste. Il est né à Paris. Il a commencé par faire de la radio et des one-man shows dans des petites salles.

Uwe : Qu'est-ce qu'il a fait d'autre ?

Valérie : Tu le connais, Uwe. Il a fait un spectacle pendant le mariage de Pierre en 2001, et il a obtenu un petit rôle dans un film en 2002.

Uwe : Ah ! Mais oui, je me souviens du mariage. Il est rigolo ! Il a fait quoi après 2002 ?

Valérie : Je ne connais pas toute sa vie, mais je sais qu'en 2008 il a participé à l'émission *La France et ses talents* ! Et il a gagné. Plus tard, il s'est marié avec une journaliste et il a eu un fils un an après, je crois.

Uwe : C'est génial !

Valérie : Oui, et depuis 2011, il organise un festival d'humour dans la région. Il a lieu tous les ans. Plus tard dans la même année, il a commencé à faire des spectacles dans des grandes salles et à devenir très populaire. Bon, ça va commencer.

Lösung

1 a. 4 b. 9 c. 8 d. 6 e. 2 f. 3 g. 5 h. 7 i. 10 j.

▶ 30 **4e Text und Lösung**

1. ■ Vincent Lafitte est né où ?
   ▲ Il est né à Paris.
2. ■ Il est marié ?
   ▲ Oui, il est marié avec une journaliste. Il a un fils.
3. ■ On l'a vu dans quelle émission déjà ? Je ne m'en souviens plus.
   ▲ Il a participé à La France et ses talents, et il a gagné.
4. ■ Il a fait quoi après ?
   ▲ Il a créé un festival d'humour dans la région, et il a commencé à avoir du succès.

D Ce soir, c'est moi qui cuisine !

D1 Tu me donnes la recette ?

▶ 31 **1a Marion ist zum Abendessen bei ihrem Bekannten Hugo eingeladen. Hören Sie den Dialog und entscheiden Sie: Für welchen Gang des Menüs beschreibt Hugo das Rezept?**

C'est la recette ☐ de l'entrée. ☐ du plat principal. ☐ du dessert.

▶ 31 **1b Hören Sie den Dialog noch einmal und verbinden Sie die Fragen mit den Antworten.**

1. Il y a combien de pommes dans la recette ?
2. Hugo met combien de cannelle ?
3. Combien y a-t-il de beurre ?
4. Est-ce qu'il y a du lait ?
5. On utilise du jus de citron ?

a. Non, il n'y en a pas.
b. Il en met une grosse pincée.
c. Oui, il faut le jus d'un demi-citron.
d. Il y en a six.
e. Il y en a 100 grammes.

1c Mit welchen Ausdrücken lassen sich die Tätigkeiten beim Kochen beschreiben? Beschriften Sie die Fotos.

saupoudrer • remuer • peler • laisser mijoter • porter à ébullition • faire dorer

1. ____________

2. ____________

3. ____________

4. ____________

5. ____________

6. ____________

▶ 32 **1d Carole hat Freunde zum Abendessen eingeladen und möchte ihnen ein Ossobuco nach einem Familienrezept servieren. Sie ruft ihre italienische Großmutter an, um sie nach der Zubereitung zu fragen. Welche Aussagen zum Dialog sind richtig? Hören Sie und kreuzen Sie an.**

	vrai	faux
1. Carole veut cuisiner ce soir.	☐	☐
2. Il faut deux heures pour faire le plat.	☐	☐
3. D'abord on fait dorer les légumes.	☐	☐
4. On saupoudre la viande de farine à la fin de la préparation.	☐	☐
5. On doit mettre l'osso buco une heure au four.	☐	☐

▶ 33 **1e Sie sind dran! Sie sind im Biergarten und genießen Ihr Essen, das Sie in einer Warmhaltebox mitgebracht haben. Ihr Tischnachbar findet, dass Ihr Gericht sehr lecker aussieht. Sie erklären, dass das eine *blanquette de veau* ist und beantworten seine Fragen zum Rezept.**

BLANQUETTE DE VEAU

(Kalbsfrikassee französische Art)

Ingrédients

- 1 kg de veau
- 300 g de carottes
- 300 g de champignons
- 1 ognon
- ½ l de bouillon
- 1 pot de crème fraiche
- 1 jaune d'œuf
- 1 citron
- 1 bouquet garni

Préparation

1. *Das Gemüse und das Fleisch schneiden.*
2. *Das Fleisch in einem Schmortopf anbraten.*
3. *Das Gemüse, das Bouquet garni und die Brühe hinzufügen und eine Stunde köcheln lassen.*
4. *In einer Schüssel die Crème fraiche, das Eigelb und den Zitronsaft mischen.*
5. *Die Mischung in den Topf geben und gut rühren.*

Bon appétit!

D1 Tu me donnes la recette ?

▶ 31 **1a/b Text**

Marion : C'est incroyable ! Je ne savais pas que tu savais cuisiner comme ça. Hmmm ! Et ce crumble… Tu me donnes la recette ? Il est trop bon !

Hugo : Bien sûr, Marion ! Un crumble n'est pas difficile à préparer. Alors, il faut six pommes. Je les cuis avec une grosse pincée de cannelle.

Marion : J'adore la cannelle ! Tu mets du sucre aussi dans la poêle ?

Hugo : Oui, un peu, et j'ajoute aussi le jus d'un demi-citron. Ensuite, je mélange 150 grammes de farine avec 100 grammes de beurre et 80 grammes de sucre brun.

Marion : Et tu mets ce mélange sur les pommes. C'est ça ?

Hugo : Exactement. Après, on met tout ça au four à 210°C pendant 30 minutes environ. On en fera un ensemble, si tu veux. Samedi prochain ?

1a Lösung

C'est la recette ☒ du dessert.

1b Lösung

1. d. Il y a combien de pommes dans la recette ? – Il y en a six.
2. b. Hugo met combien de cannelle ? – Il en met une grosse pincée.
3. e. Combien y a-t-il de beurre ? – Il y en a 100 grammes.
4. a. Est-ce qu'il y a du lait ? – Non, il n'y en a pas.
5. c. On utilise du jus de citron ? – Oui, il faut le jus d'un demi-citron.

1c Lösung

1. peler 2. faire dorer 3. saupoudrer
4. porter à ébullition 5. laisser mijoter 6. remuer

▶ 32 **1d Text**

Carole : Mémé, j'ai besoin de toi. Ce soir, j'ai des invités et je veux leur faire ton fameux osso buco. Tu peux me donner ta recette, s'il te plait ?

Mémé : Mais oui, ma chérie ! Il faut deux heures pour préparer l'osso buco. D'abord, tu pèles et tu coupes les carottes et l'ognon. Ensuite, il faut faire dorer la viande dans une cocotte et tu ajoutes les légumes.

Carole : Alors... Peler et couper les carottes et les ognons... Faire dorer la viande et ajouter les légumes. D'accord. Et ensuite ?

Mémé : Eh bien, tu saupoudres la viande de farine. Tu ajoutes le bouillon, le vin, le concentré de tomates et l'ail. Tu mets du sel et du poivre et tu portes à ébullition.

Carole : Saupoudrer de farine... Ajouter les liquides, mettre du sel et du poivre et porter à ébullition, C'est ça, Mémé ?

Mémé : Oui, Carole. N'oublie pas l'ail ! Ensuite, tu laisses mijoter pendant au moins une heure. 15 minutes avant la fin, tu peux ajouter des petites tomates coupées, si tu veux.

Carole : Ah, oui ! C'est une bonne idée. La recette est finie ?

Mémé : Non. Pour finir, tu mets l'osso buco au four avec des pâtes et du fromage râpé pendant quelques minutes. Bonne soirée, ma chérie, et bon appétit !

Lösung

	vrai	faux	
1. Carole veut cuisiner ce soir.	☒	☐	
2. Il faut deux heures pour faire le plat.	☒	☐	
3. D'abord on fait dorer les légumes.	☐	☒	(la viande)
4. On saupoudre la viande de farine à la fin de la préparation.	☐	☒	(au début)
5. On doit mettre l'osso buco une heure au four.	☐	☒	(quelques minutes)

▶ 33 **1e Text und Lösung**

1. ■ Ah, une blanquette de veau ! Il y a tellement de recettes pour préparer une blanquette. Et vous, vous la faites comment ?

   ▲ *Je coupe les légumes et la viande.*

2. ■ Et ensuite ?

   ▲ *Je fais dorer la viande dans une cocotte.*

3. ■ D'accord. Et après, vous faites quoi ?

   ▲ *J'ajoute les légumes, le bouquet garni et le bouillon, et je laisse mijoter pendant une heure.*

4. ■ Ah, je vois. Euh, pour la sauce, vous faites comment ?

   ▲ *Je mélange la crème fraiche, le jaune d'œuf et le jus de citron dans un bol.*

5. ■ Et après ?

   ▲ *Je mets ce mélange dans la cocotte et je remue bien.*

   ■ Miam ! Ça m'a donné envie de manger une blanquette, tout ça ! Je vais essayer votre recette. Ça sera le repas de ce soir !

D2 C'est délicieux !

▶ 34 **2a Hören Sie die fünf Dialoge und unterstreichen Sie die Wörter, die Sie hören.**

gras • amer • craquant • fabuleux • pas assez cuits • à point • délicieux • salé • fade • saignante • acide • sucré • bien cuite

Kennen Sie die Bedeutung der folgenden Wörter ?

gras : ____________ fade : ____________

craquant : ____________ sucré : ____________

à point : ____________

▶ 35 **2b Die Cousins Lancelot und Samuel treffen sich im Restaurant. Hören Sie ihre Meinungen zu den Gerichten. Dann lesen Sie die Zusammenfassungen und korrigieren Sie, falls nötig, die falschen Informationen.**

1. Les deux cousins sont heureux de se voir. La dernière fois, c'était la semaine dernière chez la mère de Lancelot.

2. L'entrée de Lancelot était fade et celle de Samuel était bonne. C'était une salade César.

3. Lancelot trouve sa viande trop cuite. Il appelle le serveur qui s'excuse et lui apporte un verre de vin gratuit.

▶ 36 **2c Sie sind dran ! Sehen Sie die Fotos an und sagen Sie, wie Sie Essen und Getränk finden. Tipp: Die richtigen Adjektive finden Sie in Übung 2a.**

1. ■ Tu aimes ton jus ? Tu fais une drôle de tête.
   ▲ *Non, il* ____________

2. ■ Ta viande, elle est comment ?
   ▲ ____________

3. ■ Hmmmm, elle a l'air délicieuse cette salade, pas vrai ?
   ▲ *Oui, les légumes* ____________

D2 C'est délicieux !

▶ 34 2a Text

1. ■ Ce poisson est fabuleux. J'adore !
   ● Oui, moi aussi !

2. ▲ Comment tu trouves le risotto ?
   ◆ Il est un peu trop salé pour moi.

3. ▼ Moi, je ne peux pas manger la viande saignante.
   ■ Moi non plus, tu sais. Je préfère quand elle est bien cuite.

4. ▲ Berk ! Ce jus est trop acide pour moi.
   ● Ah oui ? Mon jus est amer. Mademoiselle, s'il vous plait ?

5. ◆ Hmmm ! C'est vraiment délicieux.
   ■ Tu as de la chance ! Moi, mes légumes ne sont pas assez cuits.

Lösung

gras • *amer* • craquant • *fabuleux* • *pas assez cuits* • à point • *délicieux* • *salé* • fade • *saignante* • *acide* • sucré • *bien cuit*

gras : *fett*
fade : *fade, geschmacklos*
craquant : *knackig*
sucré : *süß*
à point : *(Fleisch) medium*

▶ 35 2b Text

Samuel : Je suis content de te voir. Ça faisait longtemps. La dernière fois, c'était à l'anniversaire de Mamie, non ?

Lancelot : Oui. Moi aussi, je suis content. Samuel, elle était comment ton entrée ?

Samuel: Un peu fade, j'ai trouvé. Et toi, Lancelot, tu as aimé ta salade niçoise ?

Lancelot *:* Elle était bonne. Les légumes étaient craquants. Ah ! Voilà la suite qui arrive. *[...]* Alors, ton plat principal, il est meilleur que ton entrée ?

Samuel : Oui, la viande est cuite à point comme j'aime, et la sauce est fabuleuse.

Lancelot : Eh bien, moi, je vais appeler la serveuse parce que ma viande est trop saignante et je ne peux pas la manger. Je n'aime pas ça. Excusez-moi ? Mademoiselle ? J'ai commandé un steak bien cuit. Regardez !

La serveuse : Désolée, monsieur. Je vous apporte ça tout de suite avec un dessert gratuit.

[…]

Lancelot : Tu veux savoir comment je trouve mon gâteau au chocolat, Samuel ?
Eh bien, je le trouve trop sucré. La prochaine fois, on se voit chez Mamie. Elle cuisine si bien.

Lösung

1. Les deux cousins sont heureux de se voir. La dernière fois, c'était à l'anniversaire de leur grand-mère.
2. L'entrée de Samuel était fade et celle de Lancelot était bonne. C'était une salade niçoise.
3. Lancelot trouve sa viande trop saignante. Il appelle la serveuse qui s'excuse et lui apporte un dessert gratuit.

▶ 36 **2c Text und Lösung**

1. ■ Tu aimes ton jus ? Tu fais une drôle de tête.

   ▲ Non, il est acide. / Non, il est trop acide pour moi.

2. ■ Ta viande, elle est comment ?

   ▲ Elle est saignante.

3. ■ Hmmmm, elle a l'air délicieuse cette salade, pas vrai ?

   ▲ Oui, les légumes sont craquants.

D3 Tu en manges souvent ?

▶ 37 **3a Thomas, der mit seinen 60 Jahren immer noch sehr erfolgreich an Marathonläufen teilnimmt, wird fürs Radio zu seinen Essgewohnheiten interviewt. Hören Sie das Interview und kreuzen Sie an, welche Aussagen richtig und welche falsch sind.**

	vrai	faux
1. Thomas mange 150 grammes de céréales.	☐	☐
2. Il ne consomme pas de produits laitiers.	☐	☐
3. Il ne boit pas de café.	☐	☐
4. Il prend deux tranches de jambon et un morceau de fromage.	☐	☐
5. Il mange du pain complet.	☐	☐

▶ 38 **3b Freunde reden über ihre Essgewohnheiten. Hören Sie die drei Dialoge. Über welche Mahlzeit wird jeweils gesprochen? Schreiben Sie die richtige Dialognummer in das Kästchen.**

Le petit-déjeuner : Dialog ☐

Le déjeuner : Dialog ☐

Le diner : Dialog ☐

▶ 38 **3c Hören Sie die Dialoge erneut und gegebenenfalls mehrfach. Kreuzen Sie an: Wie häufig essen oder trinken die Personen die angegebenen Lebensmittel und Getränke ?**

	jamais	parfois	souvent	toujours
au petit-déjeuner				
boire du café				
manger des tartines			x	
au déjeuner				
manger un sandwich				
boire un verre de vin				
au diner				
manger de la viande				
manger un dessert				

▶ 39 **3d Sie sind dran! Ein Freund interessiert sich für Ihre Essgewohnheiten. Was Sie sagen sollen, ist mit ▲ gekennzeichnet. Hören Sie zuerst das Beispiel.**

Beispiel: Kaffee – sehr oft

■ Qu'est-ce que tu bois le matin ?

▲ *Je bois très souvent du café.*

1. Getreideflocken und Brötchen mit Butter und Marmelade – oft
2. Fleisch – niemals / Salat oder Sandwich – immer
3. Suppe – manchmal / vegetarisches Gericht – oft

D3 Tu en manges souvent ?

▶ 37 3a Text und Lösung

le reporter : Bonjour Thomas et bienvenue dans notre émission « Vous êtes extraordinaire ! » Alors, que mangez-vous pour continuer à courir autant de kilomètres à 60 ans ?

Thomas : Je pense que le repas le plus important, c'est le petit déjeuner. Je mange 150 grammes de céréales avec du yaourt et je bois un verre de jus d'orange pressé pour les vitamines. Pas de café ! Selon mon appétit, je coupe une banane et je la mets dans mes céréales.

le reporter : Mais vous ne consommez pas de viande le matin ? C'est bon les protéines pour les sportifs, non ?

Thomas : Bien sûr ! Je prends une tranche de jambon et un morceau de fromage avec deux tranches de pain complet.

le reporter : Eh bien, avec un petit-déjeuner comme ça, on comprend l'énergie que vous avez ! Bravo, Thomas, et merci d'être venu.

	vrai	faux	
1. Thomas mange 160 grammes de céréales.	☐	☒	(150 g)
2. Il ne consomme pas de produits laitiers.	☐	☒	(du yaourt, du fromage)
3. Il ne boit pas de café.	☒	☐	
4. Il prend deux tranches de jambon et un morceau de fromage.	☐	☒	(une tranche)
5. Il mange du pain complet.	☒	☐	

▶ 38 3b Text

Dialog 1

■ Tu sais, moi, le matin, c'est souvent des tartines avec du beurre et de la confiture.

● Et tu bois quoi ?

■ Je prends une bonne tasse de thé, sans sucre et avec un peu de lait. Parfois, quand je me sens très fatiguée, je prends alors un café bien fort.

Dialog 2

▲ J'aimerais t'inviter à diner, mais, euh… tu manges quoi d'habitude ? Tu manges souvent de la viande le soir ?

◆ En fait, je suis végétarienne donc, je ne mange jamais de viande. Mais pour le côté sucré, ne t'inquiète pas parce que je prends toujours un petit dessert le soir.

▲ D'accord ! Je vais te préparer un Buddha Bowl et un bon gâteau au chocolat. Tu vas adorer !

Dialog 3

▼ On mange ensemble à midi ?

◆ Oui, pourquoi pas ! J'ai seulement une demi-heure pour manger, alors je prends souvent un bon sandwich en bas de la rue.

▼ Ça veut dire que tu n'as pas le temps pour un petit verre de vin ?

◆ Jamais au déjeuner, non ! Mais on peut se voir vendredi soir, si tu veux.

Lösung

Le petit-déjeuner : Dialog 1

Le déjeuner : Dialog 3

Le diner : Dialog 2

▶ 38 3c Lösung

	jamais	parfois	souvent	toujours
au petit-déjeuner				
boire du café		x		
manger des tartines			x	
au déjeuner				
manger un sandwich			x	
boire un verre de vin	x			
au diner				
manger de la viande	x			
manger un dessert				x

▶ 39 3d Text und Lösung

1. ● Tu prends quoi le matin ?

   ▲ *Je prends souvent des céréales et des tartines avec du beurre et de la confiture.*

   ● J'aime ça moi aussi. La confiture de framboises, c'est ma préférée !

2. ● Et le midi, qu'est-ce que tu manges ?

   ▲ *Je ne mange jamais de viande. Je prends toujours une salade ou un sandwich.*

3. ● Et au diner, tu manges beaucoup ?

   ▲ *Je mange parfois une soupe. Je prends souvent un plat végétarien.*

E C'est la fête !

E1 Tu me passes les guirlandes ?

▶ 40 **1a Was wird hier gefeiert? Hören Sie die sechs kurzen Texte und schreiben Sie zu jedem Foto die richtige Nummer sowie das Fest, um das es sich handelt.**

Pâques • la Saint-Valentin • Noël • le réveillon du Jour de l'an • un anniversaire • le 14 juillet

☐ ____________________

☐ ____________________

☐ ____________________

☐ ____________________

☐ ____________________

☐ ____________________

▶ 41 **1b In einem Französisch-Kurs diskutieren die Teilnehmer über die beliebtesten Feste. Hören Sie und kreuzen Sie jeweils den Satz an, der die Meinung des Teilnehmers am besten zusammenfasst.**

1. a. ☐ Noël est devenu une fête commerciale. Les enfants commandent de nombreux cadeaux mais ils ne s'y intéressent plus six mois après.
   b. ☐ Noël est un moment où on retrouve la famille et où il existe une ambiance particulière.

2. a. ☐ La Saint-Valentin, c'est fantastique. C'est une bonne occasion d'aller au restaurant et d'offrir un bouquet de roses à la femme qu'on aime.
   b. ☐ Pourquoi attendre la Saint-Valentin pour montrer son amour ?

3. a. ☐ Grâce à cette fête, on peut mieux faire la connaissance de nos voisins et compter sur eux, si c'est nécessaire.
   b. ☐ Si on a un problème avec un voisin, ce n'est pas agréable d'aller à cette fête.

▶ 42 **1c Sie sind dran! Sie übernehmen die Rolle eines Kursteilnehmers. Hören Sie und beantworten Sie die Fragen Ihres Dialogpartners mithilfe der folgenden Anweisungen.**

1. *Der Silvesterabend ist eine gute Gelegenheit, um Champagner zu trinken, Foie gras und Austern zu essen und seine Freunde wiederzusehen.*

   ____

   ____

   ____

2. *Ich hasse Geburtstage, weil ich es nicht mag, gefeiert zu werden.*

   ____

   ____

3. *Der Valentinstag? Für mich ist das eine Gelegenheit, um „ich liebe dich" zu sagen.*

   ____

   ____

E1 Tu me passes les guirlandes ?

▶ 40 **1a Text**

1. ■ Alors, ça y est ! La bûche est au frigo. L'arbre est en place. Tu me passes les guirlandes, s'il te plait ? Hé, regarde ! Il neige !
2. ▲ Benoit m'offre toujours un bouquet de roses rouges et il réserve une table dans notre restaurant préféré. J'adore le 14 février !
3. ◆ J'organise un bal pour la fête nationale. Tu pourrais m'aider ?
   ● Oh, mince ! Je serai à Paris pour assister au défilé militaire. Désolée !
4. ● C'est vraiment une période de l'année où je mange plein de poules et d'œufs en chocolat. Je décore aussi de vrais œufs avec les enfants.
5. ▲ Je suis très impatient de souffler mes 18 bougies ! Je serai adulte et je ferai ce qui me plait. Je vais organiser une grande fête !
6. ◆ Alors, j'ai les confettis… j'ai le champagne, le foie gras et les huitres au frais… Ce réveillon va être très sympa, je crois.

Lösung

A *2 la Saint-Valentin* B *4 Pâques* C *3 le 14 juillet* D *5 un anniversaire*
E *1 Noël* F *6 le réveillon du Jour de l'an*

▶ 41 **1b Text und Lösung**

1. ■ À Noël, on prépare des petits gâteaux, on passe du temps en famille. On pense aux autres et on offre des cadeaux. Les maisons, les magasins et les rues sont décorées. C'est magique ! *b.*
2. ● La Saint-Valentin ? J'aime pas vraiment ça. On n'a pas besoin d'un jour particulier dans l'année pour célébrer l'amour qu'on a pour quelqu'un. Moi, je le montre un peu tous les jours, et je n'attends pas février pour offrir des fleurs. *b.*
3. ▲ Pour moi, c'est important d'assister à la fête des voisins. Je peux prendre le temps de mieux les connaitre et si un jour j'ai un petit problème, c'est toujours intéressant de pouvoir taper à la porte de ma voisine. *a.*

▶ 42 **1c Text und Lösung**

1. ■ Tu penses quoi du 31 décembre, toi ?
   ▲ *Le réveillon du Jour de l'an est une bonne occasion de boire du champagne, manger du foie gras et des huitres, et de revoir ses amis.*
2. ■ Moi, j'adore les anniversaires. Et toi ?
   ▲ *Je déteste les anniversaires parce que je n'aime pas être célébré(e).*
3. ■ Tu sais, pour moi, c'est vraiment une fête commerciale.
   ▲ *La Saint-Valentin ? Pour moi, c'est une occasion de dire « je t'aime ».*

E2 Je compte sur vous

▶ 43 **2a Etienne ruft seinen Freund Gaspard an, um ihn und seine Frau Denise einzuladen. Was ist der Anlass der Feier?**

Il s'agit :

☐ d'un départ à la retraite. ☐ de la Saint-Sylvestre. ☐ d'un anniversaire de mariage.

Où et quand a lieu la fête : ______________________________

▶ 43 **2b Hören Sie das Telefonat noch einmal und ergänzen Sie die nützlichen Ausdrücke für:**

1. Wir möchten gern … feiern. ______________________________
2. Wir erwarten euch … ______________________________
3. Wir zählen auf euch! ______________________________

▶ 44 **2c Sie sind dran! Hinterlassen Sie Ihren Freunden eine Sprachnachricht, um sie zu Ihrem Geburtstag einzuladen.**

▲ *Hallo zusammen! Ich werde bald 30 Jahre alt und möchte meinen Geburtstag gern mit euch feiern. Ich erwarte euch im Parc Lafontaine am 4. Mai ab 18 Uhr, um ein großes Grillfest zu machen. Ich zähle auf euch! Bis bald.*

____
____
____
____
____
____
____
____

E2 Je compte sur vous

▶ 43 **2a/b Text**

Etienne : Salut, Gaspard. C'est Etienne. Ça va ?

Gaspard : Eh, Salut ! Ça fait longtemps... Oui, ça va bien. Et toi, qu'est-ce que tu me racontes ?

Etienne : Eh bien, le temps passe vite... Tu vois, ça fait déjà vingt ans que je vis un grand bonheur avec Irène ! Alors, on aimerait bien fêter notre anniversaire de mariage avec Denise et toi.

Gaspard : Avec plaisir ! Vous faites ça quand ?

Etienne : On vous attend au restaurant *L'hermitage* le 18 septembre à partir de 19h pour partager un diner et faire la fête avec le reste des amis et la famille. On compte sur vous !

Gaspard : Tu peux ! On sera là. À bientôt alors.

Etienne : À bientôt, Gaspard.

2a Lösung

Il s'agit ☒ d'un anniversaire de mariage.

La fête a lieu au restaurant *L'hermitage*, le 18 septembre à partir de 19h.

2b Lösung

1. On aimerait bien fêter…
2. On vous attend…
3. On compte sur vous !

▶ 44 **2c Text und Lösung**

▲ Salut tout le monde ! Je vais bientôt avoir 30 ans et j'aimerais bien fêter mon anniversaire avec vous. Je vous attends au parc Lafontaine le 4 mai à partir de 18h pour faire un grand barbecue. Je compte sur vous ! À bientôt.

E3 À samedi

▶ 45 **3a Marc organisiert eine Party zum 18. Geburtstag seiner Tochter. Hören Sie die Sprachnachrichten, die die Gäste hinterlassen haben, und verbinden Sie jede mit dem passenden Foto.**

Nachricht ____

Nachricht ____

Nachricht ____

Nachricht ____

▶ 45 **3b Hören Sie die Nachrichten noch einmal und ergänzen Sie die Lücken mit den angegebenen Wendungen.**

compter sur moi • je regrette de • c'est une belle idée • je ne peux pas venir • j'accepte avec plaisir • je dois prendre malheureusement • c'est d'accord pour • je suis vraiment désolé mais • c'est vraiment sympa

1. ■ Salut Marc, ______________________ de m'inviter. ______________________ parce que je serai près d'Arcachon pour le travail. Donc, tu peux ______________________. Je passerai vers 19h.

2. ● Bonjour Marc, j'espère que vous allez bien. ______________________ car ______________________ l'avion pour aller en Belgique ce jour-là. Je viendrai vous voir à mon retour avec un beau cadeau.

3. ▲ ______________________, Marc. Ça tombe bien parce que je passerai quelques jours chez ma mère qui vit à côté, alors ______________________ le 25. Est-ce que je peux venir avec Diego ? À bientôt !

4. ◆ Salut Marc, merci pour l'invitation. ______________________ tu sais que je suis pompier, et je suis de garde le 25. Mais j'ai déjà acheté un cadeau pour les 18 ans de ta fille. Je l'apporterai avant la fête. ______________________ ne pas pouvoir être avec vous.

E

▶ 46 **3c Gegen Ende der Party unterhalten sich einige der Gäste über den Abend. Hören Sie so oft wie nötig und kreuzen Sie an, wer über welches Thema spricht.**

	Samuel	Hanaé	Adam	Léa
les ballons				
le gâteau				
la musique				
la robe				
les feux d'artifice				

▶ 46 **3d Hören Sie das Gespräch noch einmal und übersetzen Sie die folgenden Ausdrücke, um Ihre Wertschätzung auszudrücken.**

1. Das war wirklich nett / schön: ______________________
2. Das war genial / toll: ______________________
3. Das war eine großartige Idee: ______________________

▶ 47 **3e Sie sind dran! Eine Freundin geht bald in Rente und hat Sie zu ihrer Abschiedsfeier eingeladen. Leider müssen Sie absagen. Hinterlassen Sie Ihrer Freundin eine Sprachnachricht.**

▲ *Danke für die Einladung. Das ist wirklich nett. Leider kann ich nicht kommen. Meine Schwester ist krank und ich muss mich um sie kümmern. Es tut mir leid. Aber ich habe ein schönes Geschenk gekauft. Ich werde es Alex geben. Bis bald!*

____

____

____

____

Wie würde sich Ihre Nachricht anhören, wenn Sie doch zur Feier gehen könnten?

▲ *Danke für die Einladung. Diese Party ist eine großartige Idee. Ich nehme die Einladung gerne an. Ich werde am 27. in Marseille sein. Du kannst dich auf mich verlassen. Auf Wiederhören.*

____

____

____

E3 À samedi

▶ 45 **3 a/b Text**

1. ■ Salut Marc, c'est vraiment sympa de m'inviter. J'accepte avec plaisir parce que je serai près d'Arcachon pour le travail. Donc, tu peux compter sur moi. Je passerai vers 19h.
2. ● Bonjour Marc, j'espère que vous allez bien. Je ne peux pas venir car je dois prendre malheureusement l'avion pour aller en Belgique ce jour-là. Je viendrai vous voir à mon retour avec un beau cadeau.
3. ▲ C'est une belle idée, Marc. Ça tombe bien parce que je passerai quelques jours chez ma mère qui vit à côté, alors c'est d'accord pour le 25. Est-ce que je peux venir avec Diego ? À bientôt !
4. ◆ Salut Marc, merci pour l'invitation. Je suis vraiment désolé, mais tu sais que je suis pompier, et je suis de garde le 25. Mais j'ai déjà acheté un cadeau pour les 18 ans de ta fille. Je l'apporterai avant la fête. Je regrette de ne pas pouvoir être avec vous.

3a Lösung

1. *D* 2. *C* 3. *B* 4. *A*

3b Lösung

1. ■ Salut Marc, *c'est vraiment sympa* de m'inviter. *J'accepte avec plaisir* parce que je serai près d'Arcachon pour le travail. Donc, tu peux *compter sur moi*. Je passerai vers 19h.
2. ● Bonjour Marc, j'espère que vous allez bien. *Je ne peux pas venir* car *je dois prendre malheureusement* l'avion pour aller en Belgique ce jour-là. Je viendrai vous voir à mon retour avec un beau cadeau.
3. ▲ *C'est une belle idée*, Marc. Ça tombe bien parce que je passerai quelques jours chez ma mère qui vit à côté, alors *c'est d'accord pour* le 25. Est-ce que je peux venir avec Diego ? À bientôt !
4. ◆ Salut Marc, merci pour l'invitation. *Je suis vraiment désolé, mais* tu sais que je suis pompier, et je suis de garde le 25. Mais j'ai déjà acheté un cadeau pour les 18 ans de ta fille. Je l'apporterai avant la fête. *Je regrette de* ne pas pouvoir être avec vous.

▶ 46 **3c/d Text**

Léa : C'était vraiment sympa, cette fête ! J'ai aimé tous ces ballons et le gâteau d'anniversaire était délicieux. Fraise et mascarpone, miam !

Hanaé : C'est vrai, Léa. Les parents d'Emma ont organisé une fête mémorable. La musique était super aussi ! J'ai tellement dansé que j'ai mal aux pieds.

Adam : Moi aussi, Hanaé. Tu sais, je trouve que la robe d'Emma est magnifique ! Elle l'a choisie avec sa mère, je crois.

Samuel : Hé, Adam, tu ne serais pas amoureux, toi ? C'était génial ces feux d'artifice. Ils ont duré longtemps en plus !

Léa : Oui, Samuel. C'était une excellente idée. Emma était très contente de cette surprise. Bon, je vais me resservir un peu de champagne. À plus !

3c Lösung

	Samuel	Hanaé	Adam	Léa
les ballons				X
le gâteau				X
la musique		X		
la robe			X	
les feux d'artifice	X			

3d Lösung

1. C'était vraiment sympa.
2. C'était génial.
3. C'était une excellente idée.

▶ 47 **1e Text und Lösung**

Refuser l'invitation :

▲ Merci pour l'invitation. C'est vraiment sympa. Malheureusement, je ne peux pas venir. Ma sœur est malade et je dois m'occuper d'elle. Je suis désolé(e). Mais j'ai acheté un joli cadeau. Je le donnerai à Alex. À bientôt.

Accepter l'invitation :

▲ Merci pour l'invitation. Cette fête est une excellente idée. J'accepte avec plaisir. Je serai à Marseille le 27. Tu peux compter sur moi. Au revoir.

F Je soigne ma santé

F1 J'ai mal partout

1a Augen, Nase, Mund ... Schreiben Sie die Körperteile an die richtige Stelle im Foto.

le ventre • le bras • le dos • le cou • la main • le genou • la tête • le pied • les yeux • la jambe • le nez • l'épaule

▶ 48 **1b In der Apotheke. Hören Sie und schreiben Sie jeweils die Nummer des Dialogs unter das passende Foto. Schreiben Sie auch die geschilderten Symptome dazu.**

avoir un rhume • avoir mal au genou • avoir les yeux rouges • avoir de la fièvre

☐ ____________

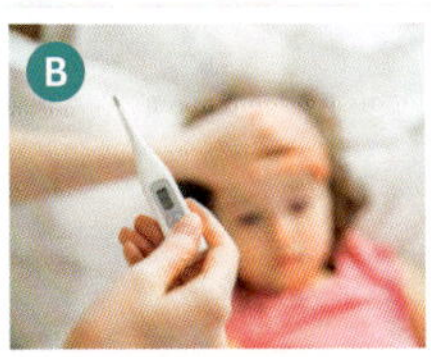

☐ ____________

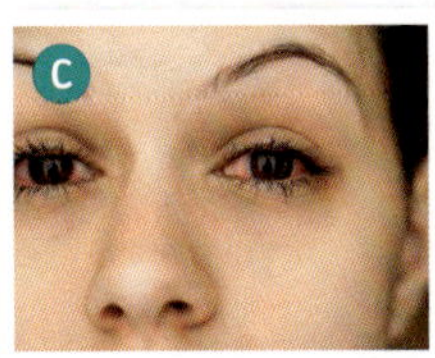

☐ ____________

☐ ____________

▶ 49 **1c Hören Sie die vier kurzen Dialoge und ergänzen Sie die Lücken.**

Frage	Antwort
1. Tu n'as pas l'air en forme.	Non, je me suis ______________ ______________
2. ______________ ______________	Pas très bien. J'ai mal partout.
3. Ça ne va pas ?	______________ ______________
4. Tu n'as pas l'air bien. ______________ ______________	______________ ______________

▶ 50 **1d Sie sind dran! Sie sind krank und können nicht zur Arbeit gehen. Einige Kollegen rufen Sie besorgt an und erkundigen sich nach Ihrem Befinden. Antworten Sie mithilfe der folgenden Angaben auf die Fragen, die Sie hören.**

Beispiel: penser : se faire mal au dos hier – ne pas se sentir bien

■ Qu'est-ce qu'il y a ? Ça ne va pas ?

▲ *Je pense que je me suis fait mal au dos hier. Je ne me sens pas bien.*

1. ne pas savoir – avoir de la fièvre
2. avoir le nez bouché et avoir mal à la gorge – croire : avoir un rhume
3. oui, avoir un rhume et avoir l'impression : avoir une infection aux yeux – être rouges

F1 J'ai mal partout

1a Lösung

▶ 48 1b Text

Dialog 1

■ Bonjour, comment je peux vous aider ?

● Ma fille a un peu de fièvre depuis hier. J'aimerais de l'ibuprofène, s'il vous plait.

Dialog 2

▲ Bonsoir, je vous écoute.

◆ On est tous malades chez moi : ma femme, les enfants et moi. On a le nez bouché, on est fatigués, on a mal à la tête. Qu'est-ce qu'on doit prendre pour aller mieux ?

▲ Vous avez un rhume. Je vais chercher quelque chose pour toute la famille. Un instant, s'il vous plait.

Dialog 3

▼ Bonjour monsieur. Qu'est-ce que je peux faire pour vous ?

◆ J'ai mal au genou depuis deux jours. J'ai dû faire un mauvais mouvement à la gym.

▼ Je pense qu'un docteur peut mieux vous aider que moi.

Dialog 4

■ Bonjour madame. Vous avez besoin de quelque chose ?

◆ Oui, je crois que j'ai une infection aux yeux. Ils sont rouges, regardez !

Lösung

A 3 avoir mal au genou B 1 avoir de la fièvre C 4 avoir les yeux rouges
D 2 avoir un rhume

▶ 49 1c Text

Dialog 1

■ Tu n'as pas l'air en forme.

● Non, je me suis fait mal à la jambe hier.

Dialog 2

▲ Comment tu te sens aujourd'hui ?

◆ Pas très bien. J'ai mal partout.

▲ Repose-toi bien.

Dialog 3

▼ Ça ne va pas ?

◆ Non, mon dos me fait mal.

Dialog 4

■ Tu n'as pas l'air bien. Tu es malade ?

◆ Je ne me sens pas bien depuis deux jours.

Lösung

1. Tu n'as pas l'air en forme.	Non, je me suis *fait mal à la jambe hier.*
2. *Comment tu te sens aujourd'hui ?*	Pas très bien. J'ai mal partout.
3. Ça ne va pas ?	*Non, mon dos me fait mal.*
4. Tu n'as pas l'air bien. *Tu es malade ?*	*Je ne me sens pas bien depuis deux jours.*

▶ 50 1d Text und Lösung

1. ■ Tu ne te sens pas bien ? Qu'est-ce que tu as ?

   ▲ *Je ne sais pas. J'ai de la fièvre.*

   ■ Je passerai te voir ce soir pour t'apporter de la soupe.

2. ■ Eh bien ! Tu nous manques au travail ! Comment tu te sens aujourd'hui ?

   ▲ *J'ai le nez bouché et j'ai mal à la gorge. Je crois que j'ai un rhume.*

   ■ Repose-toi bien, alors. À bientôt.

3. ■ On m'a dit que tu n'étais pas au bureau aujourd'hui. Tu es malade ?

   ▲ *Oui, j'ai un rhume et j'ai l'impression que j'ai une infection aux yeux. Ils sont rouges.*

   ■ Ça ira mieux dans quelques jours. Je pense à toi.

F2 C'est grave, Docteur ?

2a Verbinden Sie die folgenden Wörter und Ausdrücke mit ihrer deutschen Übersetzung.

1. un médecin de campagne	a. ein Tierarzt
2. rendre visite	b. ein Landarzt
3. soigner	c. körperlich
4. avoir le moral	d. besuchen
5. physiquement	e. behandeln
6. un vétérinaire	f. gut drauf / zuversichtlich sein

▶ 51 **2b Denis arbeitet jetzt als Landarzt. Er besucht heute seine früheren Nachbarn in der Stadt und erzählt ihnen von seinem Beruf. Hören Sie und notieren Sie, welche positiven und negativen Aspekte seine Tätigkeit mit sich bringt.**

aspects positifs :

Les gens ____________________.

Il ____________________ ses patients.

Il aime ____________________ les gens.

aspects négatifs :

____________________ beaucoup de kilomètres.

Il n'a pas vraiment ____________________.

Il doit ____________________, même la nuit.

▶ 52 **2c Renaud, ein betagter Herr, wohnt auf dem Land. Als er sich krank fühlt, bittet er seinen Arzt Denis, ihm einen Hausbesuch abzustatten. Hören Sie und streichen Sie jeweils den inhaltlich falschen Satz bzw. Satzteil durch.**

1. Renaud tousse et a le nez bouché / a mal à la gorge et le nez qui coule.
2. Il a pris / n'a pas pris sa température.
3. Il a plus / n'a plus d'appétit.
4. Renaud doit prendre deux comprimés trois fois par jour / trois comprimés deux fois par jour.
5. Il a besoin / n'a pas besoin d'une ordonnance pour ses médicaments.

▶ 53 **2d Sie sind dran! Sie fühlen sich krank und gehen zu Denis in die Praxis. Hören Sie zunächst, was Denis sagt. Bereiten Sie dann mithilfe der Angaben Ihre eigenen Äußerungen vor. Vorsicht, die Angaben stehen nicht in der richtigen Reihenfolge!**

___ plus d'appétit depuis deux jours

___ oui, pas de fièvre mais mal à la tête

___ se sentir fatigué(e)

___ besoin d'une ordonnance ?

F2 C'est grave, Docteur ?

2a Lösung

2. d. 3. e. 4. f. 5. c. 6. a.

▶ 51 **2b Text**

Fabienne : Ça fait longtemps qu'on ne s'est pas vus, Denis. Tu es devenu un médecin de campagne ! C'est fantastique ! Ça se passe comment ?

Denis : Il faut faire beaucoup de kilomètres pour rendre visite aux patients, mais souvent, quand j'arrive pour les soigner, il y a le café et les petits gâteaux sur la table ou alors des carottes du jardin ! Les gens sont adorables, Fabienne. Alors même si je conduis beaucoup, ce n'est pas grave.

Raphaël : C'est une profession qui est fatigante, non ?

Denis : Oui, c'est vrai, Raphaël. Je n'ai pas vraiment de collègues parce que je suis à la campagne. Alors, je dois répondre à tous les appels, même la nuit. Pour être médecin de campagne, il faut savoir apprécier le contact humain, et moi je l'apprécie beaucoup.

Fabienne : Tu as l'air d'avoir des relations spéciales avec tes patients.

Denis : Je les connais bien. Je vois tout de suite s'ils vont bien physiquement et, surtout, s'ils ont le moral. Ce sont souvent des personnes qui sont isolées, et j'aime bien les aider. Si le chien est malade, j'appelle le vétérinaire, par exemple.

Raphaël : Tu fais un beau métier, Denis.

Lösung

aspects positifs :	**aspects négatifs :**
Les gens sont adorables.	Il faut faire beaucoup de kilomètres.
Il connait bien ses patients.	Il n'a pas vraiment de collègues.
Il aime bien aider les gens.	Il doit répondre à tous les appels, même la nuit.

▶ 52 **2c Text**

Renaud : Bonjour Docteur. Je ne me sens pas bien : j'ai mal à la tête et à la gorge, j'ai le nez qui coule depuis une semaine et j'ai du mal à respirer parfois.

Denis : Eh bien, on va regarder ça. Enlevez votre chemise. Vous avez pris votre température ?

Renaud : J'ai un peu de fièvre, oui. Depuis hier, je sens que je n'ai plus d'énergie. Je n'ai plus envie de manger non plus.

Denis : Vous avez mal à la tête quand ?

Renaud : Euh... quand je monte les escaliers, quand je lis aussi. C'est grave, Docteur ?

Denis : Mais non, vous avez un bon gros rhume. Vous allez prendre deux comprimés de ce médicament trois fois par jour et ces gouttes pour le nez. Voilà l'ordonnance. Ah ! et pensez à boire une boisson chaude : du thé vert ou une infusion plusieurs fois par jour. Vous devriez vous reposer pendant quelques jours et vous soigner. Ça va aller.

Renaud : Merci, Docteur. Vous restez un peu ? J'ai fait du café.

Lösung

Folgende Sätze sind richtig:

1. Renaud a mal à la gorge et le nez qui coule.
2. Il a pris sa température.
3. Il n'a plus d'appétit.
4. Renaud doit prendre deux comprimés trois fois par jour.
5. Il a besoin d'une ordonnance pour ses médicaments.

▶ 53 2d Text und Lösung

■ Bonjour, comment vous vous sentez ?

▲ *Je me sens fatigué(e).*

■ Bon, voyons ça. Vous avez pris votre température ?

▲ *Oui, je n'ai pas de fièvre mais j'ai mal à la tête.*

■ Vous mangez au moins ?

▲ *Je n'ai plus d'appétit depuis deux jours.*

■ Je crois que vous travaillez trop, c'est tout. Alors, vous allez vous reposer pendant une semaine et prendre deux comprimés de ce médicament le matin après le petit-déjeuner.

▲ *Est-ce que j'ai besoin d'une ordonnance ?*

■ Non, pas besoin d'ordonnance, mais voici un document pour le travail. Allez, il faut vous reposer maintenant.

F3 Je m'occupe de moi

▶ 54 **3a Adèle und Lilou sind beim Friseur und unterhalten sich über die Dinge, die sie gern zur Entspannung machen. Kreuzen Sie diejenigen an, die Sie im Dialog hören.**

☐ faire la cuisine ☐ écouter de la musique classique ☐ jouer du piano

☐ faire 30 minutes de Pilates ☐ prendre un bain ☐ faire du tricot

☐ chanter dans une chorale ☐ faire une sortie dans la forêt ☐ manger du chocolat

▶ 55 **3b Familie Claudel macht auf einem großen Campingplatz Urlaub. Dort ist einiges geboten. Lucie, Gabin, Guillaume und Maëlys sehen sich das Programm an und beraten, was sie machen könnten. Hören Sie und ergänzen Sie die Lücken im Text.**

Lucie : Eh ! regardez ça ! Le camping propose un atelier d'aquarelle. ____________ t'y inscrire, Gabin, non ?

Gabin : ____________ essayer. On y va ensemble, Guillaume ?

Guillaume : Ah ! non, je crois que je vais plutôt m'inscrire à la balade à vélo. Le bord de mer est si beau! ____________ d'ailleurs de venir. ____________ faire un peu de sport, hein ? Bon, sinon, tu viens avec moi, Maëlys ?

Maëlys : Oui, je viens, mais je vois aussi qu'il y a des séances de massage suédois. Il parait que ça détend bien les muscles. ____________ y aller tous ensemble, hein, Lucie ?

Lucie : D'accord, mais aujourd'hui, Gabin et toi, ____________ faire du paddle. ____________ aussi à l'atelier de cuisine. Comme ça, ce soir, on goutera ce que vous avez préparé. Ça vous dit ?

▶ 56 **3c Sie sind dran! Ihre Freunde sind unausgeglichen und bitten Sie um Rat. Hören Sie, worüber sie sich beschweren und raten Sie ihnen mithilfe der Fotos zu einer passenden Aktivität. Beginnen Sie jeweils mit *Je te conseille de..., Tu peux toujours..., Tu devrais...* oder *Il faut...***

Beispiel:

s'inscrire à un atelier d'aquarelle

■ Je ne sais pas quoi faire pour me détendre.

▲ *Je te conseille de t'inscrire à un atelier d'aquarelle.*

faire une sortie dans la forêt

prendre un bain

chanter dans une chorale

▶ 57 **3d Agathe braucht Entspannung und hat sich daher eine Behandlung bei der Kosmetikerin gegönnt. Als sie fertig ist, verlangt sie nach dem Leiter des Schönheitsinstituts. Hören Sie und kreuzen Sie an.**

	vrai	faux
1. Agathe a demandé un soin complet du visage.	☐	☐
2. Elle dit qu'il manque des produits dans la cabine.	☐	☐
3. Le responsable propose un autre soin à Agathe.	☐	☐
4. Agathe revient dans une heure trente.	☐	☐
5. Elle refuse de payer.	☐	☐

▶ 57 **3e Lesen Sie die Sätze und notieren Sie, wer spricht: die Kundin (C= *cliente*) oder der Leiter (R= *responsable*). Hören Sie dann nochmal den Dialog zur Kontrolle.**

1. Ne vous inquiétez pas. Nous allons trouver une solution. R
2. Pas vraiment, non ! J'ai demandé..., et j'ai eu... ___
3. Il manque de la musique relaxante dans votre cabine. ___
4. Je suis désolé. Je m'occupe de ça tout de suite. ___
5. Vous êtes sérieux là ? Je n'ai pas que ça à faire. ___
6. Tout s'est bien passé, madame ? ___
7. Je refuse de payer, et c'est la dernière fois que je viens ici ! ___

▶ 58 **3f Sie sind dran! Sie wollen sich mit Ihrer Familie erholen und haben ein Haus am Ufer eines Sees gebucht. Leider entspricht die Unterkunft nicht Ihren Erwartungen. Teilen Sie das dem Besitzer mithilfe der Angaben mit.**

1. Sie sagen, dass Sie um ein Kanu gebeten haben, um eine Fahrt (*une balade*) auf dem See zu machen. Sie sehen (aber) keines.
2. Es fehlen auch Liegestühle (*des chaises longues*) im Garten. Sie sind an den See gekommen, um sich zu entspannen!
3. Sie sagen dem Besitzer empört: „Ist das Ihr Ernst? Ich fahre morgen wieder ab! Das gibt es doch nicht, ich weigere mich zu zahlen!"

F3 Je m'occupe de moi

▶ 54 3a Text

Adèle : Je suis fatiguée, Lilou. Je dois m'occuper de moi. Donc, une fois par semaine, je prends un bain avec plein de mousse en écoutant de la musique classique.

Lilou : C'est super, Adèle ! Moi aussi, je m'occupe de moi. C'est important ! J'ai quelques activités que je fais le soir, quand les enfants n'ont plus besoin de moi. Par exemple, le mardi, je chante dans une chorale.

Adèle : Tu en as de la chance ! Dans le magazine que la coiffeuse m'a passé, j'ai lu que chanter, c'était un anti-stress. Tu fais d'autres trucs ?

Lilou : Oui, le mercredi, j'ai un cours de piano. C'est relaxant de jouer. Et le lundi et le vendredi, je fais 30 minutes de Pilates à la maison quand les enfants sont couchés. Et toi, alors ?

Adèle : Moi, je n'ai pas envie de sortir le soir, donc je préfère trouver des activités bien-être à faire à la maison. Par exemple, faire la cuisine ou manger du chocolat devant la télé le soir. Je fais aussi des séances de Pilates, comme toi. Et si on en faisait une ensemble vendredi prochain ?

Lilou : Excellente idée. Ah ! la coiffeuse m'appelle pour me laver les cheveux. On organise ça après ? À tout de suite.

Lösung

faire la cuisine, écouter de la musique classique, jouer du piano, faire 30 minutes de Pilates, prendre un bain, chanter dans une chorale, manger du chocolat

▶ 55 3b Text und Lösung

Lucie : Eh ! regardez ça ! Le camping propose un atelier d'aquarelle. Tu devrais t'y inscrire, Gabin, non ?

Gabin : Je peux toujours essayer. On y va ensemble, Guillaume ?

Guillaume : Ah ! non, je crois que je vais plutôt m'inscrire à la balade à vélo. Le bord de mer est si beau! Je te conseille d'ailleurs de venir. Il faut faire un peu de sport, hein ? Bon, sinon, tu viens avec moi, Maëlys ?

Maëlys : Oui, je viens, mais je vois aussi qu'il y a des séances de massage suédois. Il parait que ça détend bien les muscles. On devrait y aller tous ensemble, hein, Lucie ?

Lucie : D'accord, mais aujourd'hui, Gabin et toi, vous devez faire du paddle. Allez aussi à l'atelier de cuisine. Comme ça, ce soir, on goutera ce que vous avez préparé. Ça vous dit ?

▶ 56 3c Text und Lösung

1. ■ La routine, toujours la routine !
J'ai envie de faire quelque chose de différent avec les enfants ce weekend.
▲ Allez faire une sortie dans la forêt.

2. ■ J'ai beaucoup de stress en ce moment.
▲ Tu peux toujours essayer de prendre un bain.

3. ■ J'ai besoin d'un moment de détente régulier.
▲ Tu devrais chanter dans une chorale.

▶ 57 3d/e Text

le responsable : Tout s'est bien passé, madame ?

Agathe : Pas vraiment, non ! J'ai demandé un soin complet du visage, et j'ai eu un soin basique, vite fait en plus.

le responsable : Je suis désolé. Je m'occupe de ça tout de suite.

Agathe : Il manque de la musique relaxante dans votre cabine. Il manque même des serviettes ! Je suis venue ici pour me détendre, moi !

le responsable : Ne vous inquiétez pas. Nous allons trouver une solution. Je peux vous proposer un nouveau soin dans une heure trente. Ça vous va ?

Agathe : Vous êtes sérieux là ? Je n'ai pas que ça à faire. Je refuse de payer, et c'est la dernière fois que je viens ici !

3d Lösung

1. vrai 2. faux (de la musique et des serviettes)

3. vrai 4. faux (elle ne reviendra plus jamais) 5. vrai

3e Lösung

2. C 3. C 4. R 5. C 6. R 7. C

▶ 58 3f Text und Lösung

■ Alors la maison vous plait ?

▲ J'ai demandé un canoë pour faire une balade sur le lac. Je n'en vois pas !

■ Je suis vraiment désolé. Je m'occupe de ça tout de suite.

▲ Il manque aussi des chaises longues dans le jardin. Je suis venu(e) au bord d'un lac pour me détendre !

■ Je peux vous les apporter demain. Ça vous convient ?

▲ Vous êtes sérieux ? Je repars demain ! Ce n'est pas possible, je refuse de payer !

G Mes amis, mes amours, mes voisins

G1 Amis pour toujours

1a Toleranz, Verbundenheit, Vertrauen ... Verbinden Sie die Wörter zum Thema Freundschaft mit der passenden Definition.

1. la complicité	a. quelqu'un à qui on dit ses secrets
2. un confident	b. compter sur quelqu'un
3. tolérant	c. le fait de bien s'entendre avec quelqu'un
4. faire connaissance de quelqu'un	d. dire un secret à quelqu'un
5. avoir confiance en quelqu'un	e. qui donne beaucoup
6. généreux	f. qui accepte les différences des autres
7. se confier à quelqu'un	g. rencontrer quelqu'un pour la première fois

▶ 59 **1b Hören Sie und kreuzen Sie an: Worum handelt es sich hier?**

☐ Un professeur et ses élèves parlent d'amitié.

☐ Une station de radio diffuse des messages qui parlent d'amitié.

▶ 59 **1c Kreuzen Sie an, welche Aspekte der Freundschaft für die Personen jeweils wichtig sind. Beantworten Sie dann die untenstehenden Fragen. Sie können dazu Track 59 so oft wie nötig anhören.**

	la confiance	la complicité	la présence
Milo			
Mathis			
Marjorie			

1. Qui a un/des ami(s) tolérant(s) ? ____________________
2. Qui a un/des ami(s) patient(s) ? ____________________
3. Qui a un/des ami(s) généreux ? ____________________

▶ 60 **1d Sie sind dran! Sie erzählen Ihrem Partner / Ihrer Partnerin von Ihren langjährigen Freunden. Ergänzen Sie zur Vorbereitung die Lücken der späteren Antwortsätze. Vorsicht, die Sätze sind nicht in der richtigen Reihenfolge! Starten Sie dann den Audiotrack und reagieren Sie auf die Fragen mit der jeweils passenden Antwort.**

savent écouter • avoir confiance • patients • fait leur connaissance • tolérants • beaucoup de complicité

Ils sont ______________________ et je peux ______________________ en eux. C'est important, n'est-ce pas ?

J'ai ______________________ quand j'étudiais à Aix-en-Provence.
Il y a ______________________ entre nous depuis.

Ils sont vraiment ______________________.
Ils ______________________ même quand je parle trop.

Sie antworten, dass Sie sie kennengelernt haben, als Sie in Aix-en-Provence studiert haben. Sie haben seither eine sehr enge Beziehung.

1. ■ Tu les as rencontrés où, Michaël et Doria ? Ça fait longtemps que vous êtes amis ?
▲ ______________________

Sie sagen, dass sie wirklich geduldig sind. Sie können auch dann noch zuhören, wenn Sie zu viel reden.

2. ■ Qu'est-ce que tu aimes bien chez eux ?
▲ ______________________

Sie sagen, dass sie tolerant sind und Sie ihnen vertrauen können. Das ist wichtig, nicht wahr?

3. ■ Ils ont d'autres qualités que tu apprécies ?
▲ ______________________

G1 Amis pour toujours

1a Lösung

1. c. la complicité : le fait de bien s'entendre avec quelqu'un
2. a. un confident : quelqu'un à qui on dit ses secrets
3. f. tolérant : qui accepte les différences des autres
4. g. faire connaissance de quelqu'un : rencontrer quelqu'un pour la première fois
5. b. avoir confiance en quelqu'un : compter sur quelqu'un
6. e. généreux : qui donne beaucoup
7. d. se confier à quelqu'un : dire un secret à quelqu'un

▶ 59 **1b/c Text**

la présentratrice : Bonjour, c'est Élisabeth sur Rouge, la radio qui bouge. C'est le moment d'écouter les messages de Milo, Mathis et Marjorie qui nous parlent de ce qui est important en amitié.

Milo : Moi, c'est Milo. J'ai fait connaissance de mon meilleur ami à l'école primaire. Il est patient. Il sait écouter et je peux me confier à lui quand j'ai un problème. Lui, il peut faire la même chose avec moi. Pour moi, l'amitié, c'est être là quand l'autre en a besoin, être présent, quoi !

Mathis : Salut, je suis Mathis. Mes amis sont tolérants et généreux et je peux leur faire confiance, eux aussi d'ailleurs. C'est très important dans une relation ! C'est pour ça que je préfère avoir peu d'amis, mais en avoir des vrais.

Marjorie : Bonjour, je m'appelle Marjorie. Je peux compter sur mes amis et partager avec eux n'importe quel problème, n'importe quelle joie. Je leur fais totalement confiance. Ils sont extraordinaires et généreux. On ne se voit pas souvent, mais on rigole beaucoup au téléphone et on s'entend vraiment bien. Il n'y pas d'amitié sans complicité.

1b Lösung

☒ Une station de radio diffuse des messages qui parlent d'amitié.

1c Lösung

	la confiance	la complicité	la présence
Milo	x		x
Mathis	x		
Marjorie	x	x	

1. Mathis 2. Milo 3. Mathis et Marjorie

▶ 60 **1d Text und Lösung**

1. ■ Tu les as rencontrés où, Michaël et Doria ? Ça fait longtemps que vous êtes amis ?

   ▲ J'ai fait leur connaissance quand j'étudiais à Aix-en-Provence. Il y a beaucoup de complicité entre nous depuis.

2. ■ Qu'est-ce que tu aimes bien chez eux ?

   ▲ Ils sont vraiment patients. Ils savent écouter même quand je parle trop.

3. ■ Ils ont d'autres qualités que tu apprécies ?

   ▲ Ils sont tolérants et je peux avoir confiance en eux. C'est important, n'est-ce pas ?

G2 Grand, châtain, aux yeux verts

▶ 61 **2a Tristan und seine Schwester Romane sitzen vor dem Computer. Hören Sie den Dialog und kreuzen Sie die passende Antwort an.**

1. Ils écrivent une annonce pour ☐ trouver un emploi. ☐ vendre un objet. ☐ trouver l'amour.
2. Romane conseille à Tristan ☐ d'écrire une annonce détaillée. ☐ de ne pas écrire une annonce trop détaillée.
3. Tristan est ☐ énervé. ☐ déprimé. ☐ modeste.

▶ 62 **2b Tristan hat drei Antworten erhalten. Hören Sie und schreiben Sie die Nummer der Antwort unter das passende Foto.**

Antwort ___

Antwort ___

Antwort ___

▶ 62 **2c Hören Sie noch einmal und ergänzen Sie die Beschreibungen.**

rousse • un peu folle • sportive • gourmande • une queue de cheval • élégante • un joli sourire • mince • passionnée de littérature et de nature • mignonne • calme • charmante • de grands yeux bleus • des lèvres fines • châtain clair • aimable

Je suis ___________, ___________,
j'ai ___________ et je suis ___________. Je suis
aussi ___________.
J'espère vous rencontrer bientôt.

___________, ___________
___________, ___________, je suis
___________, ___________
et ___________. Appelle-moi !

___________ et étudiante en histoire
de l'art, j'ai ___________ et
je porte souvent ___________. On me dit que
je suis ___________ et je pense être quelqu'un de ___________.

▶ 63 **2d Tristan hat eine der drei Frauen getroffen und erzählt seinem besten Freund Sébastien davon. Hören Sie und ergänzen Sie den Text mit dem entsprechenden Verb im *passé composé* bzw. im *imparfait*.**

Sébastien : Alors, alors ? Comment ça s'est passé ? Je veux tout savoir !

Tristan : Ben, nous ________ au café *L'étincelle*. Il ________ vraiment beau ce jour-là, alors on ________ une table en terrasse. Elle ________ vraiment élégante avec son chemisier en soie vert. C'est beau le vert sur les rousses.

Sébastien : Vous ________ de quoi ?

Tristan : Elle m'________ des questions sur mon travail. On ________ nos avis sur des romans. On a les mêmes gouts. Je ________ amoureux de son sourire et de sa voix tout de suite.

Sébastien : Et elle, tu crois que tu lui ________ ? Tu ________ comment, au fait ?

Tristan : ________ ma chemise blanche à rayures, un jean et un foulard. Je pense qu'on ________ la même chose. Elle m'________ son numéro de téléphone sur sa serviette. On se voit ce soir.

▶ 64 **2e Sie sind dran! Liam ist neugierig und fragt seinen Freund Moussa, wie er seine Freundin kennengelernt hat. Übernehmen Sie Moussas Rolle und antworten Sie auf Liams Fragen mithilfe der vorgegebenen Sätze. Konjugieren Sie dabei das Verb im richtigen Tempus.**

1. Je *prendre* un café en terrasse avec un ami quand elle *arriver*. Elle me *sourire* et je *tomber* amoureux tout de suite.
2. Je *avoir* un T-shirt bleu et un pantalon blanc. Je *porter* aussi des lunettes de soleil.
3. Je me *lever* et je lui *payer* un café. On *être* toujours ensemble aujourd'hui.

G2 Grand, châtain, aux yeux verts

▶ 61 2a Text

Tristan : Pffff... Je sais pas si j'ai envie de le faire. Je n'ai jamais cherché une petite amie sur Internet.

Romane : Ça va marcher, Tristan. Il faut décrire ton physique et ton caractère. Je te propose : « Beau blond aux cheveux mi-longs et aux yeux verts, grand, sportif, ingénieur en construction, passionné de musique et d'art, charmant et un peu timide cherche... » cherche quoi, au fait ?

Tristan : Euh... quelqu'un... de bien ? Tu exagères un peu, Romane. Je suis plutôt châtain clair, et beau, euh... on va dire mignon, c'est plus vrai !

Romane : Bon, tu veux trouver quelqu'un ou pas ? Alors, tu cherches une brune aux yeux bleu clair, plus petite que toi. Tu préfères les lèvres fines et les cheveux bouclés. Elle doit être aimable, sportive et gaie !

Tristan : Il y a trop de détails. Laissons faire le hasard. Donc, je cherche une femme gaie, aimable et sportive pour faire connaissance.

Romane : Ça marche. C'est envoyé. Je reviens demain pour voir si tu as reçu des réponses.

Lösung

1. Ils écrivent une annonce pour ☒ trouver l'amour.
2. Romane conseille à Tristan ☒ d'écrire une annonce détaillée.
3. Tristan est ☒ modeste.

▶ 62 2b/c Text

Tristan : Eh ! Romane, j'ai reçu trois réponses ! Je te lis la première : « Je suis élégante, rousse, j'ai un joli sourire et je suis aimable. Je suis aussi passionnée de littérature et de nature. J'espère vous rencontrer bientôt. »

Romane : Fais voir la photo. Pas mal ! Je vais lire la deuxième : « Châtain clair, de grands yeux bleus, mince, je suis charmante, gourmande et un peu folle. Appelle-moi ! » Elle, je la trouve amusante !

Tristan : Euh... Écoute la troisième : « Sportive et étudiante en histoire de l'art, j'ai des lèvres fines et je porte souvent une queue de cheval. On me dit que je suis mignonne et je pense être quelqu'un de calme. » Je crois que j'ai fait mon choix.

2b Lösung

A 2 B 3 C 1

2c Lösung

Je suis élégante, rousse,
j'ai un joli sourire et je suis aimable. Je suis aussi passionnée de littérature et de nature. J'espère vous rencontrer bientôt.

Châtain clair, de grands yeux bleus, mince, je suis charmante, gourmande et un peu folle. Appelle-moi !

Sportive et étudiante en histoire de l'art, j'ai des lèvres fines et je porte souvent une queue de cheval. On me dit que je suis mignonne et je pense être quelqu'un de calme.

▶ 63 **2d Text und Lösung**

Sébastien : Alors, alors ? Comment ça s'est passé ? Je veux tout savoir !

Tristan : Ben, nous nous sommes vus au café *L'étincelle*. Il faisait vraiment beau ce jour-là, alors on a demandé une table en terrasse. Elle était vraiment élégante avec son chemisier en soie vert. C'est beau le vert sur les rousses.

Sébastien : Vous avez parlé de quoi ?

Tristan : Elle m'a posé des questions sur mon travail. On a échangé nos avis sur des romans. On a les mêmes gouts. Je suis tombé amoureux de son sourire et de sa voix tout de suite.

Sébastien : Et elle, tu crois que tu lui as plu ? Tu étais habillé comment, au fait ?

Tristan : J'avais ma chemise blanche à rayures, un jean et un foulard. Je pense qu'on a ressenti la même chose. Elle m'a écrit son numéro de téléphone sur sa serviette. On se voit ce soir.

▶ 64 **2e Text und Lösung**

1. *Liam :* Tu l'as rencontré comment, l'amour de ta vie ?

   Moussa : Je prenais un café en terrasse avec un ami quand elle est arrivée. Elle m'a souri et je suis tombé amoureux tout de suite.

2. *Liam :* Tu te souviens de ce que tu portais ?

   Moussa : J'avais un T-shirt bleu et un pantalon blanc. Je portais aussi des lunettes de soleil.

3. *Liam :* Qu'est-ce qui s'est passé ensuite ?

   Moussa : Je me suis levé et je lui ai payé un café. On est toujours ensemble aujourd'hui.

G3 Connaissez-vous vos voisins ?

▶ 65 **3a Inès möchte etwas über das Nachbarschaftsfest *fête des voisins* erfahren und fragt den Sprachassistenten ihres Tablets nach Informationen. Hören Sie die Definition, die der Assistent ausgibt, und kreuzen Sie die richtige Antwort an.**

1. La fête des voisins se passe une fois
   ☐ par mois. ☐ par an.
2. C'est un moment où on fait ☐ connaissance. ☐ des réunions.
3. Cette idée de rencontre est née en France en ☐ 1989. ☐ 1999.

▶ 66 **3b Inès ist neugierig geworden und hört einen Podcast über die Beziehungen zwischen Nachbarn. Hören Sie das Interview mit Leïla und Mathieu und kreuzen Sie die richtige Antwort an.**

Mathieu et Leïla ☐ habitent ☐ n'habitent pas dans le même immeuble.

▶ 66 **3c Beantworten Sie die folgenden Fragen. Hören Sie dazu den Podcast so oft wie nötig.**

1. Quelle ambiance il y a dans l'immeuble de Mathieu ?

   ____

2. Est-ce que c'est la même dans l'immeuble de Leïla ?

   ____

3. Mathieu a une idée. Laquelle ?

   ____

4. Que pense le reporter à la fin de l'interview ?

   ____

▶ 66 **3d Hören Sie das Interview erneut und notieren Sie, welche Eigenschaften den idealen bzw. einen schlechten Nachbarn ausmachen.**

le voisin idéal :

Il ______________________ vous allez.

Il ______________________ quand vous partez.

Il __________________ les enfants.

Il ___________________________ en ligne ou il __________________ parfois.

le mauvais voisin :

Il _________________ bonjour.

On l'entend _________________ souvent.

Sa musique _____________________ après 22h, et son chien est vraiment _________________.

Il prend ma ________________________.

▶ 67 **3e Sie sind dran! Eine alte Bekannte fragt Sie nach Ihrem Verhältnis zu Ihren Nachbarn. Antworten Sie ihr mithilfe der Fotos und der unten stehenden Angaben. Tipp: Die vorhergehende Übung kann Ihnen dabei helfen.**

Beispiel:

tout le temps

■ Ça se passe comment avec ton voisin du dessus ?

▲ *Son chien aboie tout le temps.*

1. de temps en temps le vendredi soir

2. avec sa femme tous les jours

3. quand je partirai en voyage samedi

G3 Connaissez-vous vos voisins ?

▶ 65 **3a Text**

l'assistant numérique : La fête des voisins permet de réunir ses voisins autour d'un apéritif ou d'un repas. Elle a lieu une fois par an. C'est une occasion de faire connaissance et de se sentir moins seul. Il s'agit d'un évènement qui est né à Paris en 1999. Aujourd'hui, il est célébré sur les cinq continents.

Lösung

1. La fête des voisins se passe une fois ☒ par an.
2. C'est un moment où on fait ☒ connaissance.
3. Cette idée de rencontre est née en France en ☒ 1999.

▶ 66 **3b/c/d Text**

le reporter : Connaissez-vous vos voisins ?

Mathieu : Eh bien, dans mon immeuble, il n'y a pas de fête des voisins. On ne se connait pas et on ne se dit pas bonjour.

Leïla : Mon immeuble, c'est comme un petit village : tout le monde se connait grâce à la fête des voisins organisée chaque année. C'est agréable d'avoir des voisins qui vous demandent comment vous allez.

le reporter : C'est vrai. Y a-t-il des problèmes ou des projets avec vos voisins ?

Mathieu : J'entends les voisins se disputer souvent. La musique du voisin d'à côté est toujours forte après 22 heures et son chien est vraiment bruyant. Il aboie tout le temps. Ce voisin prend même ma place de stationnement.

Leïla : Dans mon immeuble, il y a une bonne ambiance. J'ai un voisin qui arrose les plantes quand je pars. Moi, quand je peux, je garde les enfants de ma voisine ou je vais aider une autre, plus âgée, à faire ses courses en ligne, par exemple. Elle me prête du sucre parfois.

Mathieu : Ça me donne des idées ! Je vais organiser une fête des voisins en mai prochain. Ça aidera peut-être à détendre l'atmosphère dans mon immeuble.

le reporter : Quand on vous écoute, on peut donc dire que la fête des voisins est un moment important qui permet d'avoir de bonnes relations avec son voisinage. Merci à vous deux. À vous les studios !

3b Lösung

Mathieu et Leïla ☒ n'habitent pas dans le même immeuble.

3c Lösung

1. L'ambiance est mauvaise. Les gens ne se disent pas bonjour.
2. Non, l'ambiance est bonne. Les gens se parlent et la fête des voisins est organisée.
3. Il voudrait organiser une fête des voisins dans son immeuble pour avoir une meilleure ambiance.
4. Il pense que la fête des voisins est importante pour bien s'entendre.

3d Lösung

le voisin idéal :

Il demande comment vous allez.

Il arrose les plantes quand vous partez.

Il garde les enfants.

Il aide à faire les courses en ligne ou il prête du sucre parfois.

le mauvais voisin :

Il ne dit pas bonjour.

On l'entend se disputer souvent.

Sa musique est toujours forte après 22 heures et son chien est vraiment bruyant.

Il prend ma place de stationnement.

▶ 67 **3e Text und Lösung**

1. ■ Et la petite voisine, toujours aussi aimable ?
   ▲ Oui, elle me garde les enfants de temps en temps le vendredi soir.
   ■ Tu me passes son numéro de téléphone ?
2. ■ Il est toujours aussi désagréable, ton voisin d'à côté ?
   ▲ Il se dispute avec sa femme tous les jours.
   ■ Oh la la ! C'est pas facile, dis donc…
3. ■ Elle habite toujours ici, ta voisine du dessous ?
   ▲ Oui, elle arrosera mes plantes quand je partirai en voyage samedi.

H Mon travail et mes loisirs

H1 Je cherche un emploi

▶ 68 **1a Karim El Séoud hat ein Vorstellungsgespräch. Hören Sie und beantworten Sie die Frage.**

Est-ce que Karim plait à monsieur Buche, l'employeur ?

☐ oui ☐ non

▶ 68 **1b Verbinden Sie die Fragen mit den passenden Antworten. Hören Sie dann das Vorstellungsgespräch noch einmal zur Kontrolle.**

1. Quelle est votre formation ?
2. Vous avez déjà fait un stage ?
3. Vous parlez des langues étrangères ?
4. Vous avez des connaissances en informatique ?
5. Quels sont vos centres d'intérêt ?

a. Je fais de la natation, je suis dans une équipe de basket et je joue de la guitare dans un groupe.
b. Bien sûr, je maitrise Word, Excel et tous les programmes que vous utilisez pour l'infographie.
c. J'ai un Master en infographie multimédia.
d. Oui, dans une agence immobilière, de janvier à juin.
e. Oui, l'arabe, l'espagnol et l'anglais sans aucun problème.

▶ 69 **1c Louise Chabrol und Milena Hartmann nehmen auf einer Jobmesse an einem Blitz-Bewerbungsgespräch teil. Hören Sie die beiden Gespräche und schreiben Sie den jeweiligen Namen der Kandidatin unter das passende Foto.**

____

____

▶ 69 **1d Hören Sie die Vorstellungsgespräche noch einmal und verbinden Sie die Angaben zum Lebenslauf mit dem richtigen Namen. Eine Angabe bleibt übrig.**

Louise	J'aime le contact avec les gens.
	J'ai un diplôme de...
	J'ai un Master en...
	Je travaille seule.
Milena	J'ai travaillé dans un centre culturel à Montréal.
	J'ai fait un stage de six mois.
	Je donne aussi des cours en ligne.
	Je suis organisée.
	Je travaille actuellement à mi-temps.

▶ 70 **1e Sie sind dran! Sie nehmen an einem Blitz-Bewerbungsgespräch teil. Hören Sie zunächst das Beispiel. Übernehmen Sie dann selbst die Rolle des Kandidaten / der Kandidatin und antworten Sie mithilfe der Angaben auf die Fragen des Arbeitgebers.**

Beispiel:

« Hôtellerie » -Diplom, sehr organisiert • dreimonatiges Praktikum in einem großen Hotel in Bordeaux • Deutsch, Spanisch, Italienisch und Englisch • Tanzen und Yoga

■ Bonjour. Quelle est votre formation et quelle est votre principale qualité ?

▲ *Bonjour. J'ai un diplôme d'hôtellerie. Je suis très organisé(e).*

■ Vous avez de l'expérience ?

▲ *Oui, j'ai fait un stage de trois mois dans un grand hôtel à Bordeaux.*

■ Vous parlez des langues ?

▲ *Oui, l'allemand, l'espagnol, l'italien et l'anglais.*

■ Quels sont vos centres d'intérêt ?

▲ *Je fais de la danse et du yoga.*

Master in Journalismus, begeistert von *(passioné(e) par)* meinem Beruf • achtmonatiges Praktikum bei einem Radiosender *(une station de radio)* in Paris • Englisch und Spanisch • Klavier und Boxen *(la boxe)*

■ Bonjour. Quelle est votre formation et quelle est votre principale qualité ?

▲ *Bonjour. J'ai* ______________________________

H1 Je cherche un emploi

▶ 68 1a/b Text

M. Buche : Bonjour monsieur El Séoud. On s'est déjà parlé au téléphone, je suis monsieur Buche. Asseyez-vous. Alors, quelle est votre formation ?

Karim : Bonjour. Eh bien, j'ai un Master en infographie multimédia. Le webdesign, c'est ma spécialité !

M. Buche : Ah ! C'est intéressant. Vous avez déjà fait un stage ?

Karim : Oui, dans une agence immobilière, de janvier à juin. J'ai fait des publicités pour un programme de construction de nouveaux immeubles.

M. Buche : Vous parlez des langues étrangères ?

Karim : Oui, l'arabe, l'espagnol et l'anglais sans aucun problème.

M. Buche : Nous avons des clients en Amérique du Sud et à Dubaï, c'est donc parfait ça ! Bon, vous avez des connaissances en informatique, donc ?

Karim : Bien sûr, je maitrise Word, Excel et tous les programmes que vous utilisez pour l'infographie.

M. Buche : Bien sûr ! Et quels sont vos centres d'intérêt ?

Karim : Je fais de la natation, je suis dans une équipe de basket et je joue de la guitare dans un groupe. J'aime bien faire partie d'une équipe !

M. Buche : Écoutez, je pense vous rappeler avant la fin de la journée.

Karim : D'accord, je serai disponible. À bientôt, alors.

1a Lösung

Est-ce que Karim plait à monsieur Buche, l'employeur ? ☒ oui

1b Lösung

1. c. 2. d. 3. e. 4. b. 5. a.

▶ 69 1c/d Text

Dialog 1

l'employeur : Bonjour. Comment vous vous appelez et quelle est votre formation ?

Louise : Bonjour, je suis Louise Chabrol et j'ai un diplôme de pâtisserie.

l'employeur : Vous avez de l'expérience ?

Louise : Oui, j'ai fait un stage de six mois chez Claude Chouquette à Paris. Je travaille actuellement à mi-temps dans une pâtisserie et je vends aussi mes gâteaux sur Internet. J'ai un site web. Attendez, je vous montre...

l'employeur : Ah ! C'est pas mal du tout ! J'aime votre créativité. Quelle sont vos qualités et pourquoi voulez-vous travailler avec moi ?

Louise : Je suis organisée, passionnée par mon métier. Je voudrais intégrer votre équipe parce que je sais que je vais apporter mon savoir-faire et que je vais me perfectionner en même temps !

Dialog 2

l'employeur : Bonjour, je suis monsieur Duchemin. Vous êtes... ?

Milena : Bonjour, moi c'est Milena Hartmann. Je suis allemande et j'ai un Master en allemand langue étrangère.

l'employeur : Quelle expérience avez-vous ?

Milena : J'ai un peu voyagé. J'ai travaillé dans un centre culturel à Montréal. Je donnais des cours aux enfants le samedi matin.

l'employeur : C'est intéressant ! Vous avez travaillé en France aussi ?

Milena : Oui, j'ai donné des cours dans un collège privé, toujours à des enfants.

l'employeur : Dans mon école de langues, nous proposons surtout des cours aux adultes.

Milena : Je sais. Je donne aussi des cours en ligne à des adultes depuis quatre ans. J'aime le contact avec les gens et j'aime mon métier. J'aimerais plus travailler avec les adultes pour les aider avec l'allemand au travail.

1 c/d Lösung

A Milena : J'ai un Master en... J'ai travaillé dans un centre culturel à Montréal. Je donne aussi des cours en ligne. J'aime le contact avec les gens.

B Louise : J'ai un diplôme de... J'ai fait un stage de six mois. Je travaille actuellement à mi-temps. Je suis organisée.

▶ 70 1e Text und Lösung

- ■ Bonjour. Quelle est votre formation et quelle est votre principale qualité ?
- ▲ Bonjour. J'ai un Master en journalisme. Je suis passionné(e) par mon métier.
- ■ Vous avez de l'expérience ?
- ▲ Oui, j'ai fait un stage de huit mois dans une station de radio à Paris.
- ■ Vous parlez des langues ?
- ▲ Oui, l'anglais et l'espagnol.
- ■ Quels sont vos centres d'intérêt ?
- ▲ Je joue du piano et je fais de la boxe.

H

H2 Une journée au boulot

2a Verbinden Sie jeweils die beiden Sätze mit der gleichen Bedeutung.

1. Je travaille en équipe.
2. Je gère des difficultés.
3. Je reçois des clients.
4. Je participe à des réunions.
5. Je suis chargé de planifier les rendez-vous avec les clients pour toute l'équipe.

a. Je vais à des meetings avec des collègues.
b. J'arrange les problèmes.
c. Je collabore avec mes collègues.
d. Je suis responsable de la programmation des rencontres avec les acheteurs pour tout le monde.
e. Je rencontre des acheteurs.

▶ 71 **2b Karim arbeitet mittlerweile seit einer Woche bei seiner neuen Firma. Nach Feierabend dreht er heute mit seinem Freund Bruno noch eine kleine Runde mit dem Fahrrad. Was erzählt Karim ihm dabei?**

☐ Il lui parle du stress qu'il vit au travail. ☐ Il lui décrit une journée type.

▶ 71 **2c Hören Sie erneut und beantworten Sie die Fragen.**

1. Karim travaille de quelle heure à quelle heure au bureau ?

____

2. Est-ce qu'il travaille toujours seul ?

____

3. Qu'est-ce qu'il fait le matin quand il arrive au bureau ?

____

4. Quel est le moment le plus important de sa journée ?

____

▶ 72 **2d Sie sind dran! Ihre Tochter Élise hat vor einer Woche ihre erste Arbeitsstelle angetreten. Nun ruft Sie Ihr Bruder an und ist neugierig, wie es Élise während der ersten Tage ergangen ist. Antworten Sie mithilfe der Angaben auf die Fragen Ihres Bruders.**

	■ Et Élise, alors ? Son boulot, ça se passe comment ?
Es läuft gut. Sie arbeitet von 9 bis 17 Uhr.	▲ ______________________
	■ Elle est très occupée ?
Ja. Morgens empfängt sie viele Kunden und nimmt an Sitzungen teil.	▲ ______________________ ______________________
	■ Et l'après-midi alors ?
Sie löst Probleme. Sie verbringt viel Zeit am Computer, aber sie liebt ihre Arbeit.	▲ ______________________ ______________________
	■ Je suis content pour elle.

▶ 73 **2e Pauline und Émile sitzen zusammen beim Essen und sprechen miteinander. Um welche Situation handelt es sich?**

☐ Une femme imagine une journée idéale de travail avec son père.

☐ Une employée parle des améliorations possibles au bureau avec son chef.

▶ 73 **2f Hören Sie das Gespräch noch einmal und korrigieren Sie, falls nötig, die folgenden Aussagen.**

1. Pauline veut organiser des réunions tous les jours.
2. Émile pense qu'il faut se réunir l'après-midi.
3. Pauline voudrait travailler plus souvent avec ses collègues.
4. Pauline travaillerait bien à la maison une fois par semaine.

▶ 74 **2g Sie sind dran! Sagen Sie, was Sie bei Ihrer Arbeit gerne ändern würden und antworten Sie auf die Fragen wie im Beispiel.**

Beispiel: non – commencer plus tard

■ Tu es satisfait de tes heures de travail ?

▲ Non, je commencerais plus tard.

1. recevoir plus de clients et moins être devant l'ordinateur
2. oui mais – participer à plus de réunions
3. bien prendre une demi-heure de plus, si possible

H2 Une journée au boulot

2a Lösung

2. b. 3. e. 4. a. 5. d.

▶ 71 2b/c Text

Bruno : Alors, ce nouveau boulot ? Raconte un peu !

Karim : Ça se passe bien, écoute. Je commence à 8h et je sors du bureau vers 17h, mais j'emporte du travail à la maison parfois.

Bruno : Ah, d'accord ! Tu as de longues journées quand même. Tu dois faire quoi quand tu arrives ?

Karim : La première chose que je fais, c'est lire mes mails et y répondre. Ensuite, je dessine pendant une heure ou deux et après, je dois préparer la réunion quotidienne et j'y participe de 11h à midi.

Bruno : Ça se passe bien avec l'équipe ?

Karim : Oui, la collaboration est facile. Je suis chargé de planifier les rendez-vous avec les clients pour toute l'équipe. Il y a quelques jours, j'ai dû gérer des difficultés, mais rien de grave.

Bruno : Et tu rencontres des clients aussi ?

Karim : Oui, depuis mercredi. C'est le moment fort de la journée parce que je teste mes idées avec eux. Je les reçois généralement l'après-midi et je leur présente les dessins et les concepts. J'aime mon boulot !

2b Lösung

☒ Il lui décrit une journée type.

2c Lösung

1. Karim travaille de 8h à 17h.
2. Non, il travaille aussi en équipe.
3. Il lit ses mails et il y répond.
4. Le moment le plus important pour Karim, c'est quand il rencontre ses clients l'après-midi.

▶ 72 2d Text und Lösung

■ Et Elise, alors ? Son boulot, ça se passe comment ?

▲ Ça se passe bien. Elle travaille de 9h à 17h.

■ Elle est très occupée ?

▲ Oui. Le matin, elle reçoit beaucoup de clients et elle participe à des réunions.

■ Et l'après-midi alors ?

▲ Elle gère des difficultés. Elle passe beaucoup de temps sur l'ordinateur, mais elle aime son travail.

■ Je suis content pour elle.

▶ 73 **2e/f Text**

Pauline : J'aimerais changer un peu les choses au travail.

Émile : Ça m'intéresse. Je t'écoute ! Qu'est-ce que tu ferais ?

Pauline : J'organiserais des réunions de trente minutes tous les jours. Ça permettrait de gérer les difficultés plus régulièrement.

Émile : Je crois que c'est possible de tous se réunir au début de la journée.

Pauline: C'est super ! Ensuite, je collaborerais plus souvent avec le reste de l'équipe. C'est plus motivant !

Émile : Tu as raison. On va regarder ça de plus près. Tu as encore une suggestion ?

Pauline: Oui, je travaillerais bien de la maison deux jours par semaine. Je te laisse y réfléchir, je dois prendre cet appel.

2e Lösung

☒ Une employée parle des améliorations possibles au bureau avec son chef.

2f Lösung

2. Émile pense qu'il faut se réunir au début de la journée.
4. Pauline travaillerait bien à la maison deux fois par semaine.

▶ 74 **2g Text und Lösung**

1. ■ Qu'est-ce que tu ferais l'après-midi ?

   ▲ Je recevrais plus de clients et je serais moins devant l'ordinateur.

2. ■ Voyons ça, alors. Et ça te plait de travailler seul ?

   ▲ Oui, mais je participerais à plus de réunions.

3. ■ Ta pause-déjeuner est-elle suffisante ?

   ▲ Je prendrais bien une demi-heure de plus, si possible.

H3 C'est pour combien de personnes ?

▶ 75 **3a Pauline ist nach einer anstrengenden Zeit in der Arbeit endlich mit ihrer Familie in den Urlaub gefahren. Von ihrem Hotel aus tätigt sie einen Anruf. Kreuzen Sie das Foto an, das zum Telefongespräch passt.**

A

☐

B

☐

▶ 75 **3b Hören Sie das Telefongespräch noch einmal und beantworten Sie die Fragen.**

1. À quel hôtel se trouve Pauline ?

   ____

2. Qu'est-ce qu'elle voudrait réserver et pour combien de personnes ?

   ____

3. Quelle réduction y a-t-il pour les enfants ?

   ____

4. À la fin de l'appel, est-ce que Pauline a réservé l'activité ?

   ____

▶ 75 **3c Ergänzen Sie den Text mit den Angaben im Schüttelkasten. Hören Sie danach den Dialog noch einmal zur Kontrolle.**

je vous rappelle • est-ce que vous faites des réductions • ce serait pour • qui sont adaptées aux familles • pour les moins de • apprécier le paysage • je voulais savoir si c'est pas trop difficile de • on voudrait faire • la réceptionniste m'a donné • j'en parle à ma famille • si vous avez encore de la place pour demain

le centre : Centre équestre *Crinières aux vents*, bonjour !

Pauline : Bonjour. Nous sommes actuellement à l'hôtel *La plage*. ______________ ______________________ votre numéro de téléphone. ______________ ______________________ une randonnée à cheval en famille.

le centre : Très bien ! C'est pour combien de personnes ?

Pauline : Eh bien, ________________________ quatre personnes.

____

faire la randonnée avec des enfants de 8 et 12 ans ?

le centre : Ne vous inquiétez pas. Nous proposons des randonnées sur la plage ________________________. On en a beaucoup pendant l'été.

Pauline : D'accord. ________________________ pour les enfants ?

Et je voudrais aussi savoir ________________________.

le centre : Alors, ________________________ 12 ans, il y a 25 % de réduction. Et demain... Oui, j'ai quatre chevaux disponibles à 9h. Vous pourrez ________________________. La plage n'est pas encore pleine de monde à cette heure-ci.

Pauline : Merci beaucoup, ________________________ et ________________________ après.

▶ 76 **3d Sie sind dran! Sie rufen in einem Spa an, da Sie für Ihre Mutter einen Wellness-Tag *(une journée spa)* reservieren möchten.**

■ Spa *Les trois rivières*, bonjour !

Guten Tag. Ich möchte gern einen Wellness-Tag für meine Mutter reservieren. Haben Sie für morgen noch einen Platz frei?

▲ ________________________

■ Oui, à partir de 10h. Nous avons plusieurs formules, vous le savez ?

Ja. Ich wollte wissen, ob es für Senioren Preisreduzierungen gibt.

▲ ________________________

■ Nous avons une formule à 120 € avec un massage et trois soins spa.

In Ordnung. Ich spreche mit meiner Schwester darüber und rufe Sie dann zurück.

▲ ________________________

H3 C'est pour combien de personnes ?

▶ 75 3a/b/c Text und Lösung

le centre : Centre équestre *Crinières aux vents*, bonjour !

Pauline : Bonjour. Nous sommes actuellement à l'hôtel *La plage*. La réceptionniste m'a donné votre numéro de téléphone. On voudrait faire une randonnée à cheval en famille.

le centre : Très bien ! C'est pour combien de personnes ?

Pauline : Eh bien, ce serait pour quatre personnes. Je voulais savoir si c'est pas trop difficile de faire la randonnée avec des enfants de 8 et 12 ans ?

le centre : Ne vous inquiétez pas. Nous proposons des randonnées sur la plage qui sont adaptées aux familles. On en a beaucoup pendant l'été.

Pauline : D'accord. Est-ce que vous faites des réductions pour les enfants ? Et je voudrais aussi savoir si vous avez encore de la place pour demain.

le centre : Alors, pour les moins de 12 ans, il y a 25 % de réduction. Et demain... Oui, j'ai quatre chevaux disponibles à 9h. Vous pourrez apprécier le paysage. La plage n'est pas encore pleine de monde à cette heure-ci.

Pauline : Merci beaucoup, j'en parle à ma famille et je vous rappelle après.

3a Lösung

A ☒

3b Lösung

1. Pauline se trouve à l'hôtel *La plage*.
2. Elle voudrait réserver une randonnée à cheval pour quatre personnes.
3. Il y a 25 % de réduction pour les enfants de moins de 12 ans.
4. Non, elle en parle à sa famille d'abord et elle rappelle après.

▶ 76 3d Text und Lösung

■ Spa *Les trois rivières*, bonjour !

▲ Bonjour. Je voudrais réserver une journée spa pour ma mère. Vous avez encore de la place pour demain ?

■ Oui, à partir de 10h. Nous avons plusieurs formules, vous le savez ?

▲ Oui. Je voulais savoir s'il y a des réductions pour les seniors.

■ Nous avons une formule à 120 € avec un massage et trois soins spa.

▲ D'accord. J'en parle avec ma sœur et je vous rappelle.

H4 Et si on allait... ?

▶ 77 **4a Vincent, Marie und Thierry verabreden sich nach Feierabend zu einem Videogespräch. Worüber unterhalten sie sich?**

☐ Ils parlent de ce qu'ils voudraient faire ensemble samedi prochain.

☐ Ils parlent des activités qu'ils ont faites samedi dernier.

▶ 77 **4b Hören Sie noch einmal und kreuzen Sie an.**

	vrai	faux
1. Vincent a envie de sortir avec ses amis.	☐	☐
2. Thierry voudrait regarder un film à la télé.	☐	☐
3. Vincent aime bien les films muets.	☐	☐
4. Marie propose d'aller à un concert.	☐	☐
5. Vincent veut bien, mais Thierry refuse.	☐	☐

▶ 77 **4c Welche Ausdrücke kann man verwenden, wenn man etwas vorschlagen will oder einen Vorschlag annehmen bzw. ablehnen will? Schreiben Sie verschiedene Möglichkeiten in die Tabelle. Hören Sie dazu das Gespräch erneut und so oft wie nötig.**

proposer	accepter	refuser
Ça vous dit de… ?	Avec plaisir !	Désolé, mais…
______________	______________	______________
______________	______________	______________
______________		

▶ 78 **4d Sie sind dran! Übernehmen Sie jeweils die Rolle des ersten Sprechers in den folgenden Mini-Dialogen und schlagen Sie Ihren Freunden eine Freizeitaktivität vor. Sie können folgende Ausdrücke verwenden: *Ça te dit...? / Et si on ...? / On peut..., si tu veux / Je te propose* ... Sprechen Sie jeweils nach dem Signalton.**

1. aller à un festival de jazz vendredi
2. venir manger chez moi ce soir
3. passer le weekend prochain à la montagne
4. faire une partie de basket

H4 Et si on allait… ?

▶ 77 **4a/b/c Text**

Vincent : Salut Marie ! Salut Thierry ! Ça fait plaisir de vous voir. Bon, comme vous êtes disponibles samedi soir, on fait quoi ?

Marie : Ça vous dit d'aller au cinéma ? J'ai envie de voir un film muet.

Thierry : Désolé, Marie, mais ça ne me dit rien du tout. Je préfère une soirée pyjama devant la télé. Qu'est-ce que tu en dis, Vincent ?

Vincent : Les films muets, euh, c'est spécial quand même. Je n'ai pas vraiment envie. Et si on allait au restaurant ? C'est sympa, non ?

Marie : Je voudrais bien, mais on va toujours au restaurant ! Si vous ne voulez pas aller au cinéma, je propose d'aller au concert de musique celtique. Il reste des places, je crois. Et après, on peut aller boire un verre, si vous voulez.

Vincent : Avec plaisir ! Tu viens aussi, Thierry ?

Thierry : Oui, bien sûr. C'est parfait ça ! On se retrouve où ?

Marie : On se voit à 20h, sur la place de la mairie, devant le café *Le secret*. Ciao ciao.

4a Lösung

☒ Ils parlent de ce qu'ils voudraient faire ensemble samedi prochain.

4b Lösung

	vrai	faux	
1. Vincent a envie de sortir avec ses amis.	☒	☐	
2. Thierry voudrait regarder un film à la télé.	☒	☐	
3. Vincent aime bien les films muets.	☐	☒	(il trouve que c'est spécial)
4. Marie propose d'aller à un concert.	☒	☐	
5. Vincent veut bien, mais Thierry refuse.	☐	☒	(Thierry veut bien aussi)

4c Lösung

proposer	**accepter**	**refuser**
Ça vous dit de… ? Et si on allait… ? Moi, je propose… On peut…, si vous voulez.	Avec plaisir ! Oui, bien sûr. C'est parfait ça !	Désolé, mais… Je n'ai pas vraiment envie. Je voudrais bien, mais…

▶ 78 **4d Text und Lösung**

1. ▲ On peut aller à un festival de jazz vendredi, si tu veux.
   ■ Bonne idée ! Je passe chez toi avant. J'ai oublié ma veste hier.
2. ▲ Ça te dit de venir manger chez moi ce soir ?
   ■ C'est gentil, mais je ne peux pas ce soir : j'ai piscine.
3. ▲ Et si on passait le weekend prochain à la montagne ?
   ■ Volontiers ! J'ai envie d'une bonne raclette et d'air frais !
4. ▲ Je te propose de faire une partie de basket.
   ■ Ah, je veux bien ! Je me change et j'arrive.

Quellenverzeichnis

Cover, Rücktitel: © Getty Images/E+/lechatnoir

Fotos Innenteil:

S. 7: 1a: 1 © Thinkstock/iStock/nuranvectorgirl, 2 © Thinkstock/iStock/solid-istanbul, 3 © Thinkstock/iStock/marnikus, 4 © Thinkstock/iStock/pshonka, 5 © Thinkstock/iStock/valeryprint2d, 6 © Thinkstock/iStock/tacktackY; 1b © Getty Images/iStock/JuanCi
S. 8: © Getty Images/iStock/BakiBG
S. 9: © Thinkstock/iStock/g-stockstudio
S. 12: © Getty Images/E+/amesy
S. 13: © Getty Images/E+/skynesher
S. 16: 3a: 1 © Getty Images/E+/skynesher, 2 © Getty Images/iStock/fizkes, 3 © Getty Images/iStock/egadolfo, 4 © Getty Images/E+/martin-dmv
S. 19: © Getty Images/iStock/buzbuzzer
S. 20: 1a: 1 © Getty Images/iStock/querbeet, 2 © Getty Images/iStock/Dr_Verner, 3 © Thinkstock/iStock/in4mal, 4 © Getty Images/iStock/PaulMaguire, 5 © Getty Images/iStock/jodiejohnson, 6 © Thinkstock/iStock/frazaz
S. 21: © Getty Images/iStock/Lytvynova Alina
S. 23: © Getty Images/iStock/Lytvynova Alina
S. 24: 2a: A © Thinkstock/iStock/jgroup, B © Getty Images/iStock/MarioGuti, C © iStockphoto/Adrian Assalve, D © fotolia/Eray, E © iStock/Nikada, F © Getty Images/iStock/monkeybusinessimages
S. 25: 2c © iStock/Peter Randskov; 2d © Getty Images/iStock/pcruciatti
S. 28: A © Getty Images/iStock/Gregory_DUBUS, B © Getty Images/iStock/marrio31
S. 29: oben © Getty Images/iStock/RossHelen; unten © Getty Images/E+/mediaphotos
S. 31: A © Thinkstock/Fuse, B © iStock/Jasmin Awad, C © Getty Images/E+/fcafotodigital, D © Getty Images/iStock/Madhourse
S. 33: oben © iStockphoto/monkeybusinessimages; unten © Getty Images/E+/Imgorthand
S. 34: 2a: A © Getty Images/iStock/HappyKids, B © Thinkstock/iStock/dolgachov, C © Thinkstock/iStock/omgimages, D © iStock/NickS, E © Getty Images/E+/PeopleImages, F © Getty Images/iStock/monkeybusinessimages; 2b: © Getty Images/E+/Eva-Katalin
S. 35: © Getty Images/JackF
S. 38: © PantherMedia/BlueOrange Studio
S. 39: oben © Thinkstock/iStock/mediaphotos; 1 © Thinkstock/Stockbyte, 2 © iStock/LeggNet, 3: Boden wischen © Thinkstock/BananaStock, Brunch © Getty Images/iStock/Artit_Wongpradu, 4 © Getty Images/iStock/gbh007
S. 42: © Getty Images/E+/Allkindza
S. 43: © Getty Images/iStock/nantonov
S. 46: oben © fotolia/Zerbor; 1c: 1 © Thinkstock/iStock/Alexandru Kacso, 2 © Getty Images/iStock/donstock, 3 © Getty Images/iStock/NitikornIstock, 4 © Getty Images/iStock/Prarinya Thonghyad, 5 © Getty Images/iStock/KolomiyetsViktoriya, 6 © Getty Images/iStock/Neustockimages
S. 47: Speise © FomaA-stock.adobe.com; Zettel © Thinkstock/iStock/lesichkadesign
S. 48: © Getty Images/iStock/margouillatphotos
S. 49: © Getty Images/iStock/mauroholanda
S. 50: © Getty Images/iStock/Tuned_In
S. 51: 2c: 1 © Getty Images/iStock/RapidEye, 2 © Getty Images/iStock/Thomas Francois, 3 © Getty Images/iStock/PeopleImages
S. 55: © fotolia/photocrew
S. 58: 1a: A © Getty Images/iStock/eli_asenova, B © Getty Images/iStock/Sasiistock, C © Getty Images/iStock/Delpixart, D © Getty Images/E+/kate_sept2004, E © Getty Images/E+/fcafotodigital, F © Getty Images/E+/gilaxia
S. 59: © Getty Images/E+/skynesher
S. 61: Paar © Getty Images/iStock/isitsharp, Feuerwerk © Getty Images/iStock/nd3000, Rentner © Getty Images/E+/skynesher, Frau mit Handy © Getty Images/iStock/nensuria
S. 63: 3a: A © Getty Images/iStock/dauf, B © Getty Images/iStock/monkeybusinessimages, C © Getty Images/iStock/Vladislav Zolotov, D © Getty Images/iStock/DisobeyArt
S. 64: 3c © Getty Images/iStock/Wavebreakmedia; 3e © Getty Images/iStock/MangoStar_Studio
S. 67: 1a © Getty Images/iStock/ChesiireCat; 1b: A © Getty Images/E+/DjelicS, B © Getty Images/iStock/Sasha_Suzi, C © Getty Images/iStock/offstocker, D © Getty Images/iStock/evgenyatamanenko
S. 68: © JPC-PROD - stock.adobe.com
S. 69: © Getty Images/iStock/ChesiireCat
S. 71: © Getty Images/E+/Dean Mitchell
S. 74: © Getty Images/iStock/undrey
S. 75: links © Getty Images/E+/Zukovic, mitte © Getty Images/iStock/laflor, rechts © Getty Images/iStock/monkeybusinessimages
S. 78: © Getty Images/E+/filadendron
S. 79: © Getty Images/iStock/Zoran Zeremski
S. 80: © Getty Images/E+/svetikd
S. 81: © Getty Images/E+/Portra
S. 82: 2b: A © Getty Images/iStock/AaronAmat, B © Getty Images/E+/radyreese, C © Getty Images/iStock/Ridofranz
S. 83: © Getty Images/iStock/vm
S. 86: © Getty Images/iStock/PeterHermesFurian
S. 87: Beispielfoto © Getty Images/iStock/Kerkez, 1 © Getty Images/E+/skynesher, 2 © Getty Images/iStock/skynesher, 3 © Getty Images/iStock/Robin Gentry
S. 89: © Getty Images/iStock/Daisy-Daisy
S. 90: © Getty Images/E+/skynesher; 1c: A © Getty Images/E+/fotografixx, B © Getty Images/iStock/jacoblund
S. 94: © Getty Images/E+/mapodile
S. 98: 3a: A © Getty Images/iStock/jeancliclac, B © Getty Images/iStock/vgajic
S. 99: © Getty Images/iStock/fotostorm
S. 101: © Getty Images/E+/sturti

Bildredaktion:
Sophie Bischoff, Hueber Verlag, München

Inhalt des MP3-Downloads zum Buch:

Sprecherinnen und Sprecher: Ingrid Barzic, Jean-Yves de Groote, Sabine Lippi, Olivier Thomazo
Produktion: Atrium Studio Medienproduktion GmbH, München, Deutschland